Mindfulness

*Gracias Juan
por hacer esto
posible!*

Paty a

*julio - 2018
Costa Rica.*

Si este libro le ha interesado y desea que lo mantengamos
informado de nuestras publicaciones, puede escribirnos a
comunicacion@editorialsirio.com,
o bien registrarse en nuestra página web:
www.editorialsirio.com

Título original: THE MINDFUL MANIFIESTO
Traducido del inglés por Rocío Moriones Alonso
Diseño de portada: Editorial Sirio, S.A.

© de la edición original
2010, 2012 Jonty Heaversedge y Ed Halliwell

Publicado inicialmente en 2010 por Hay House (UK) Ltd
Para oír la radio de Hay House, conectar con www.hayhouseradio.com

© de la presente edición
EDITORIAL SIRIO, S.A.

EDITORIAL SIRIO, S.A.	NIRVANA LIBROS S.A. DE C.V.	ED. SIRIO ARGENTINA
C/ Rosa de los Vientos, 64	Camino a Minas, 501	C/ Paracas 59
Pol. Ind. El Viso	Bodega nº 8,	1275- Capital Federal
29006-Málaga	Col. Lomas de Becerra	Buenos Aires
España	Del.: Alvaro Obregón	(Argentina)
	México D.F., 01280	

www.editorialsirio.com
sirio@editorialsirio.com

I.S.B.N.: 978-84-7808-964-2
Depósito Legal: MA-931-2014

Impreso en IMAGRAF

*Cualquier forma de reproducción, distribución, comunicación pública o transformación de esta
obra solo puede ser realizada con la autorización de sus titulares, salvo excepción prevista por la
ley. Diríjase a CEDRO (Centro Español de Derechos Reprográficos, www.cedro.org) si necesita
fotocopiar o escanear algún fragmento de esta obra.*

DR. JONTY HEAVERSEDGE y ED HALLIWELL

Mindfulness

*Cómo hacer menos
y ser más conscientes
puede ayudarnos a vivir mejor
en este mundo estresado.*

Prólogo

Llegará un momento en el que todos los secretos saldrán a la luz. Por mucho que intentemos ocultarlos, se revelarán, se harán manifiestos. Durante siglos, las principales prácticas de la meditación *mindfulness** han permanecido bastante ocultas. Para encontrar un maestro que te ayudara a realizar el trabajo interior de esta meditación, había que viajar muy lejos, especialmente a Asia.

En los años sesenta, cuando se empezaron a enseñar en Occidente algunas formas de meditación y concentración, se produjo cierto entusiasmo. Los científicos occidentales estaban intrigados: ¿qué efectos psicológicos y fisiológicos tenían esas prácticas? Se utilizaron los nuevos instrumentos científicos de la época para medir reacciones corporales

---

* En ocasiones, el término «mindfulness» se traduce en español como «atención plena o atención total».

tales como el pulso o las más mínimas fluctuaciones de la transpiración. Demostraron que esas meditaciones eran tan efectivas para calmar la mente y el cuerpo, y también para producir estados de bienestar, como las técnicas de relajación profunda.

Pero todo se quedó ahí. Dado que los procedimientos ya aceptados que se utilizaban comúnmente en Occidente eran igualmente efectivos, cualquier «extra» sobre la meditación se consideraba innecesario. ¿Para qué recitar mantras si se podían obtener efectos idénticos sin ellos? La meditación como «técnica» para reducir el estrés se limitó a una actividad minoritaria dentro de la ciencia, practicada por un grupo relativamente pequeño de destacados científicos.

Posteriormente, algo cambió. Dado que todavía estamos viviendo los efectos de ese cambio, no sabemos con certeza qué es lo que ocurrió realmente, pero es muy posible que la dispersión de los monjes tibetanos y vietnamitas producida en la segunda mitad del siglo xx constituyese uno de los motivos. Occidente se había preparado para ello de varias maneras, desde el interés que despertaba el zen —una importante influencia cultural en los Estados Unidos a partir de 1950— hasta la influencia de aquellos occidentales que viajaron a Asia (especialmente a Tailandia y Birmania) y volvieron con nuevas ideas, lo que denominaron *meditación perceptiva* (o *mindfulness*).

La meditación mindfulness no solo hace hincapié en llevar la atención una y otra vez a un único punto, sino que nos invita a combinar este ejercicio con una conciencia receptiva y abierta que, si se cultiva, puede ofrecer una sensación directa de lo que surge a cada momento en el mundo exterior e interior. También ofrece una manera de responder a estos sucesos y a nuestras reacciones a ellos: con una cálida compasión.

Poco a poco el mensaje se hizo más claro: no tenemos que «librarnos» de nuestro estrés, cansancio y tristeza, sino reconocer claramente sus patrones y enfrentarnos a ellos con una curiosidad abierta y amistosa. Esta reacción es muy diferente a la que tenemos habitualmente, ya que por regla general, cuando algo no nos gusta, reaccionamos o bien evitándolo o bien preocupándonos. No nos han enseñado otra forma de enfrentarnos a nuestra angustia, y debido a ello no nos damos cuenta de que nuestra tendencia a evitarla o a preocuparnos por ella empeora la situación: el cansancio momentáneo se convierte en agotamiento; el miedo transitorio, en preocupación permanente, y la tristeza pasajera en infelicidad y depresión crónica. De modo que no somos culpables de terminar agotados, ansiosos o deprimidos. Únicamente nos han dado una herramienta para tratar con aquello que no nos gusta: librarnos de ello, esforzarnos más, ser mejores, incluso perfectos; y si no conseguimos hacer que las cosas sean de otra manera, nosotros mismos llegamos fácilmente a la conclusión de que hemos fracasado como personas. Esta es una receta para un mundo turbulento. Tal como afirmó Jon Kabat-Zinn, necesitamos, literal y metafóricamente, entrar en razón.

Lo que parece estar cambiando últimamente es que se está adoptando esta nueva forma de comprensión, el camino del mindfulness. Empezamos a ver con más claridad el origen de buena parte de nuestro sufrimiento, cómo nuestras propias reacciones pueden agravar nuestra angustia y cuál es el camino que nos puede liberar. Estamos volviendo a algunos de los textos budistas originales, y, lo que es más importante, a las prácticas que se han transmitido a lo largo de veinticinco siglos. En algunos estudios científicos recientes se ha descubierto que estas prácticas, enseñadas en un contexto secular, liberan del estrés, la ansiedad y la infelicidad de formas que parecen ir más allá de los resultados habituales de los tratamientos psicológicos existentes. Estos estudios revelan que el mindfulness no solo reduce el estado de ánimo negativo y previene futuros episodios de depresión clínica sino que también aumenta el bienestar y la calidad de vida, incluso en las circunstancias más trágicas, al permitir que se dejen de evitar los problemas y de preocuparse, y a cambio se cultive la autocompasión.

Se trata de una antigua sabiduría oriental. Sin embargo, para Occidente es un descubrimiento nuevo y conlleva todos los retos que surgen cuando se «obtiene algo nuevo». Por ello, hay algo que podemos afirmar con seguridad: se está revelando algo que estaba oculto. Ahora podemos tomarlo y sostenerlo con las manos...

Es maravilloso que Jonty Heaversedge y Ed Halliwell hayan escrito este libro para ofrecer de forma desinteresada su propia experiencia y compartir las inmensas posibilidades que surgen al entrenar la mente y el cuerpo para hacer menos y percibir más. Es tanto una afirmación del potencial oculto en todos nosotros como una llamada a la acción para desarrollar ese potencial. En el caso del mindfulness, esta llamada a la acción consiste en vivir la vida, a cada momento, como si realmente importara.

MARK WILLIAMS,
catedrático de la Universidad de Oxford,
autor de *The Mindful Way through Depression*

Prefacio

La meditación ya no es una actividad marginal practicada por unos cuantos individuos espirituales o de la Nueva Era; es un planteamiento del bienestar ampliamente acreditado y basado en pruebas. El interés en la materia ha crecido exponencialmente: en los últimos años se ha producido una explosión de artículos académicos, que han alimentado una mayor cobertura informativa, así como un gran aumento del número de clínicas y centros de salud que enseñan mindfulness a sus pacientes. La técnica de la meditación también se ofrece en colegios, lugares de trabajo y otros espacios comunitarios. Cada vez hay más personas que se cuestionan el culto a la velocidad que domina nuestra sociedad y que buscan formas de vivir más satisfactorias.

Parece que el mindfulness podría ser la base para cumplir esas aspiraciones.

Nuestra intención al escribir este libro es ofreceros una amplia introducción al mindfulness y ayudaros a llevar la práctica a vuestras vidas y a vuestro mundo. Exploraremos sus antiguas raíces, así como la creciente evidencia científica del papel que desempeña a la hora de optimizar la salud y el bienestar. Compartiremos contigo casos de personas que se han beneficiado al aprender la práctica de la meditación y te enseñaremos cómo empezar a explorar el camino del mindfulness por ti mismo. Al fundir la antigua sabiduría con la psicología, la inmunología y la neurociencia moderna, lo seglar con lo espiritual, lo empírico con lo experimental, hemos intentado proporcionar la mayor ayuda posible al mayor número de personas. Esperamos que este planteamiento te resulte atractivo y desafiante, y que te anime a seguir investigando.

El mindfulness es un modo de ser simple, práctico y profundo que está abierto a cualquiera que desee practicarlo. Por lo tanto, este no es un libro religioso y no pretende suplantar a ninguna fe (o ausencia de fe) con la que conectes. Sin embargo, es importante ofrecer ciertas nociones del origen de esta práctica, que hunde sus raíces en el budismo, dado que surgió de esta tradición hace mucho tiempo, a pesar de que ahora se presenta y valida en un contexto científico y moderno.

Estamos todavía empezando a descubrir cómo el mindfulness nos puede ayudar a que nuestra vida sea más feliz, más compasiva y llena de sentido. Además de ayudarnos a tratar problemas de salud, a abandonar esos comportamientos que no nos benefician y a relacionarnos de forma más profunda y más compasiva con nuestro entorno laboral, familia y amigos, creemos que es la base para conocer y desarrollar nuestro potencial innato como seres humanos. Por lo tanto, este libro no está dirigido solo a aquellos que estén atravesando por una «enfermedad» o por un momento difícil, sino a cualquiera que desee ser más feliz, estar más sano y vivir en un mundo más sabio, pacífico y compasivo.

Ed Halliwell y Jonty Heaversedge

Capítulo 1

Un llamamiento a ser

Por un momento, limítate a «ser». Deja que tu atención se asiente en lo que está ocurriendo en tu cuerpo, en tu mente y en el mundo que te rodea. Investiga tu experiencia y ralentiza lo suficiente para sentirla.

Vivimos en un mundo inquieto. Desde el momento en que abrimos los ojos por la mañana, muchos de nosotros empezamos una lucha desesperada que solo termina cuando caemos agotados en la cama por la noche. Tanto si estamos esforzándonos en ganar el dinero suficiente para vivir como en hacer una carrera, criar a nuestros hijos, ayudar a los amigos o salvar el planeta, parece que siempre estamos en marcha, intentado frenéticamente impulsarnos hacia un futuro mejor, inmersos en un círculo vicioso del que nos resulta imposible salir. No hacemos más que hacer, hacer y hacer...

y nos estresamos. En el Reino Unido cerca de siete millones de adultos padecen tanto estrés que encajan dentro del diagnóstico de trastorno de ansiedad.[1]

No hay nada inherentemente negativo en el hecho de hacer; al fin y al cabo, ha permitido a la humanidad lograr increíbles proezas. Hemos creado máquinas que nos conectan a otras personas en el otro extremo del planeta. Hemos creado obras de arte maravillosas, música inspiradora, gran literatura y una magnífica arquitectura. Hemos acumulado vastos almacenes de conocimiento que se puede utilizar para predecir el tiempo, volar por el cielo y realizar trasplantes de corazón. En los últimos cien años especialmente, la velocidad del progreso científico y tecnológico ha sido asombrosa. Esto nos ha permitido *hacer* incluso más, y con más rápidez. Con un simple clic en el ratón, somos capaces de realizar en un segundo tareas que a las generaciones anteriores les habría requerido mucho más tiempo, suponiendo que pudieran haberlas hecho. Gracias a todos estos logros, muchos de nosotros vivimos vidas más sanas, más seguras y más confortables de lo que nuestros ancestros habrían podido soñar.

Sin embargo, hay un problema. A pesar de todos esos increíbles avances, ¿estamos realmente satisfechos? El objetivo de todo ese esfuerzo ¿no es hacer nuestra vida más fácil, más agradable y más plena? Cada vez que alguien inventa un nuevo aparato o desarrolla la fórmula de una medicina, ¿no está intentando reducir la cantidad de dificultades o de sufrimiento a los que tenemos que enfrentarnos en nuestra vida? Desafortunadamente, la evidencia habla por sí misma: los que vivimos en Occidente, en países que alardean de disfrutar de los mayores niveles de comodidad material, encontramos estrés por todas partes; nuestros servicios de salud están abarrotados de pacientes con enfermedades crónicas; tememos el crimen y el terrorismo; nuestras relaciones se rompen; nuestros hijos no van bien en el colegio; nos peleamos con los vecinos; trabajamos demasiado, o no lo suficiente, o en un trabajo que no nos gusta... A pesar de que no hay duda de que en el último siglo ha aumentado el nivel de vida material, las estadísticas indican que no somos más felices.[2] De hecho, parece que somos cada vez más infelices: la Organización Mundial de la Salud predice que para el año 2030 la depresión será el mayor problema de salud del planeta.[3]

Nos enfrentamos a inmensos retos globales: amenazas de guerra, pobreza y devastación ambiental para las que todavía tenemos que inventar una solución. A veces nuestras invenciones, sin embargo, hacen que el sufrimiento sea aún mayor. Resulta indudable que las tecnologías del último siglo han salvado y mejorado muchas vidas, pero también se han utilizado para matar a millones de personas y para crear una potencial catástrofe climática que amenaza nuestra supervivencia como especie.

Queremos calmar el estrés de nuestras vidas y solucionar los problemas del mundo. Queremos vivir en paz, tener más confianza, sentirnos seguros, mantener una buena relación con nuestra pareja, disfrutar de una carrera gratificante y que nuestros hijos saquen buenas notas en el colegio. Queremos florecer. De modo que seguimos haciendo, con la esperanza de sentirnos mejor. Vamos a otro médico, nos mudamos a otra casa, cambiamos de pareja o buscamos un nuevo trabajo –quizás uno en el que nos ofrecen un sueldo más alto, de modo que podamos comprar más «objetos» que nos produzcan una mayor satisfacción–. Podemos tomar pastillas y brebajes, hacer flexiones, estirarnos, hacer dieta y desintoxicarnos. Estamos seguros de que si hacemos el esfuerzo adecuado encontraremos la solución a nuestro dolor. O quizás vamos en otro sentido e intentamos desesperadamente evitar nuestros problemas con comportamientos adictivos como beber, fumar, trabajar, comer o pensar en exceso. Nos distraemos y nos quedamos atrapados en el fango de nuestra propia lucha.

No solo somos cuerpos ocupados; también somos mentes ocupadas. Con frecuencia, cuando no intentamos febrilmente resolver nuestros problemas, estamos consumidos por la preocupación o el arrepentimiento. En una encuesta reciente, más del cincuenta por ciento de las personas afirmaron lo siguiente: «Me resulta difícil relajarme y desconectar, y no puedo dejar de pensar en todo lo que tengo que hacer o en algo que me preocupe».[4] Cuando tenemos un pensamiento ansioso, tendemos a regodearnos en él, crear una historia a su alrededor o lanzarnos a una serie de críticas castigadoras: «siempre me siento inútil comparado con Sally; siempre está al tanto de todo... Bueno, pero es aburrida, no tiene vida más allá del trabajo... ¡Ay, mira, ya estoy otra vez! ¿Por qué seré tan negativo?». La mente corre de aquí para allá, dándole vueltas al pasado y preocupándose por el futuro. Incluso cuando aseguramos que «no estamos haciendo nada», a menudo estamos intentando ahogar nuestros pensamientos en el parloteo de la televisión.

Algunos de nosotros decidimos que deseamos hacer algo para aliviar no solo nuestro sufrimiento, sino el del mundo.

Queremos curar el cáncer, de modo que nos convertimos en médicos. Queremos combatir el crimen, y nos hacemos policías. Queremos detener el calentamiento global, el hambre y la guerra, y reciclamos las bolsas de plástico, damos dinero para caridad o acudimos a las manifestaciones. Hacemos nuestro el dicho: «No te quedes sentado; haz algo». Hay personas que desean llevar a cabo tantos proyectos que se dedican a la política. Idean y desarrollan programas diseñados para resolver nuestros problemas, y cambian de ese modo la suerte de comunidades, países o incluso el planeta entero.

Pero ¿y si en realidad todo este esfuerzo por mejorar las cosas fuera parte del problema? ¿Y si nuestro hábito compulsivo de *hacer* fuera parte de la razón de que seamos tan infelices? ¿Y si en lugar de necesitar actuar más necesitáramos actuar menos? ¿Y si lo que realmente precisáramos no fuera que la tecnología se acelerara, sino ralentizarnos nosotros?

Una de las exclamaciones que escuchamos con más frecuencia en boca de los ciudadanos del siglo XXI es que desean gozar de algún «espacio mental». Sin duda, tenemos muy poco espacio en la mente. Cuanto más deprisa vamos, de menos espacio disponemos para reflexionar y más tendemos a actuar impulsivamente, siguiendo tendencias habituales subconscientes que no nos benefician en absoluto.

En esta época en la que estamos habituados a realizar muchas tareas a la vez, realmente nos concentramos en muy pocas. Nos obsesionamos tanto con intentar lograr hacer diez cosas a la vez que pocas veces estamos realmente presentes en alguna de ellas. En nuestro afán por avanzar y alcanzar nuestros objetivos, dejamos de vivir el momento, aquí y ahora.

Incluso los aparatos diseñados para ayudarnos a hacerlo todo más deprisa (y que en teoría deberían permitirnos tener más tiempo) terminan volviéndonos más ansiosos.[5] La información nos bombardea desde todos los flancos, caminamos con los auriculares puestos, enviamos mensajes de texto a un amigo mientras hablamos con otro, hablamos por teléfono mientras estamos comiendo y respondemos a los mensajes de la oficina desde la playa.

Quizás la creciente cantidad de tiempo que pasamos conectados a Internet esté cambiando las rutas neuronales de nuestro cerebro, haciéndonos más capaces de prestar atención o de absorber cualquier información con profundidad,[6] pero lo más habitual es que pasemos rozando por la superficie de las experiencias, revoloteando impotentes de un estímulo a otro. Paradójicamente, en la era de la «conexión» estar en contacto permanente nos puede desconectar de las personas que tenemos a nuestro alrededor si solo nos relacionamos con ellas de una forma superficial.

La velocidad implacable y la distracción nos llevan a una especie de semiexistencia: nos quedamos atrapados en un mundo conceptual en el que pensamos sobre lo que queremos lograr y lo que queremos evitar, en lugar de experimentar lo que realmente somos. Parece como si nos encontráramos aquí, pero en realidad no estamos presentes en nuestras vidas. Al aislarnos de toda la gama de nuestra experiencia (interna y externa), nos perdemos una información importante: la reacción de nuestros cuerpos y nuestro entorno. Arrastrados por nuestros pensamientos y sentimientos, terminamos perpetuando nuestro estrés, y nos vemos empujados inconscientemente a ciclos de comportamiento repetitivos que hacen que sigamos siendo infelices.

El propio estrés puede hacer que caigamos enfermos. El treinta por ciento de los casos de un médico de cabecera normal son problemas como la depresión y la ansiedad,[7] y al menos otro tercio está relacionado con síntomas «médicamente inexplicados», relacionados con el estrés, que son difíciles de diagnosticar o de tratar de forma efectiva.[8] Como no nos gusta sentirnos impotentes, reaccionamos a esos problemas luchando aún más, buscando desesperadamente una nueva medicina o tratamiento, un nuevo especialista o diagnóstico. Por desgracia, como con frecuencia el hecho de esforzarse es causa de enfermedad, en realidad nuestra situación empeorará.

La mayoría de nosotros sabemos que el modo en que reaccionamos a la dificultad no siempre nos ayuda. Cuando alguien se detiene y nos pregunta qué es lo que nos hace sentir mejor, nos induce a reflexionar y responder de forma sabia. El ochenta y uno por ciento de nosotros está de acuerdo en que «una de las causas más importantes de estrés, infelicidad y enfermedad en la sociedad en que vivimos es el ritmo acelerado de vida y la cantidad de cosas que tenemos que hacer y de preocupaciones a las que nos enfrentamos hoy en día»; el ochenta y seis por ciento está de acuerdo en que «la gente sería mucho más feliz y más sana si supiera cómo ralentizar y vivir el momento».[9]

Sin embargo, vivimos rodeados por el culto al logro, y esto hace que nos resulte difícil resistirnos a su atractivo. Desde el día en que nacemos, oímos una y otra vez que relajarse es de vagos. Puede que lo hayamos aprendido de nuestros padres, que probablemente estaban ocupados intentando tener éxito o sobrevivir mientras nosotros crecíamos, y en nuestros colegios, en los que a menudo enseñan que el modo de sobrevivir en un mundo como el nuestro es estar ocupado. También lo aprendemos de los medios de comunicación, que nos proporcionan un flujo constante de noticias, entretenimiento y sucesos que nos recuerdan cómo los demás no paran ni un momento, especialmente las personas influyentes como los políticos, los deportistas y los famosos. Si estamos ocupados, dice el mensaje, podremos hacernos ricos, y si somos ricos podremos permitirnos cosas que nos hagan felices. Vemos a las personas que nos rodean a la caza de posesiones y de estatus, y nos sentimos obligados a intentar ser iguales que ellas. Estos mensajes se nos graban en el pensamiento y en el comportamiento, aunque nos hagan infelices. Con esa carga, intentamos seguir andando, seguir haciendo, aunque en lo más profundo sepamos que hay algo que falla.

Aunque intentáramos cambiar estos patrones, ¿cómo lo conseguiríamos? Nos encontramos atrapados por el deseo de una gratificación instantánea, por lo cual tendemos a querer respuestas fijas y rápidas: una píldora mágica que elimine nuestra infelicidad, una dieta milagrosa que solucione nuestro problema de peso, una terapia que nos libere del condicionamiento pasado. Pero normalmente las respuestas fijas y rápidas no funcionan, porque estamos intentando resolver los problemas que tenemos utilizando el mismo esquema mental que los ha creado. Acelerar no es la solución cuando ya estamos yendo muy deprisa; es como pisar el acelerador en lugar del freno.

Necesitamos olvidarnos durante un rato de las soluciones y enfocarlas de otro modo: buscando cómo estamos intentando llegar a ellas. Si la respuesta fuera simplemente luchar por una vida más feliz, ¿no habría funcionado ya? Quizás sea el momento de plantear nuestra vida de una manera diferente, una que nos invite a ralentizar y prestar más atención a cómo la experimentamos y a qué es lo que nos mueve, antes de empezar a intentar hacer cambios. Quizás necesitemos aprender primero a estar simplemente allí donde estamos, en lugar de tratar de llegar a otro lugar. Si nos pudiéramos dar permiso para estar, tal vez podríamos descubrir qué es lo que necesitamos hacer, si es que necesitamos hacer algo.

APRENDER A SER

De lo que realmente trata este libro es de permitirte a ti mismo *ser*, hacer menos y percibir más. Para ello no incluye ningún gran plan que vaya a resolver todos nuestros problemas instantáneamente. Al contrario, es una invitación a dejar de hacer, al menos durante un tiempo, y a aprender a *ser* en este preciso instante, en el momento presente.

El título de este libro es, en su versión original, *The Mindful Manifesto*. La palabra *manifiesto* deriva del término latino *manifestare*, que significa «mostrar claramente». En castellano, *manifestar* quiere decir «ser aparente». Lo que nosotros sugerimos es que al aprender a ser podemos empezar a liberar una profunda sabiduría que nos muestre de forma clara cómo son las cosas realmente y que cree de modo natural el terreno para que sepamos qué hacer. Todo se puede esclarecer, nuestros valores profundos se pueden clarificar y podemos empezar a actuar con gran sabiduría.

Al utilizar la palabra *manifiesto* en este sentido, estamos reclamando su auténtico significado; no un plan de acción, sino un llamamiento a ser. Al aprender a ser, soltamos el pie del acelerador, quitamos la directa y devolvemos algo de equilibrio a nuestras vidas. En lugar de buscar desesperadamente una cura a nuestros problemas, permitimos que surja un estado natural de alerta. Renunciamos a buscar respuestas, y dejamos que sean ellas las que vengan a nosotros. Abandonamos la lucha y el estrés que esta conlleva.

El hecho de aprender a *ser* puede marcar una gran diferencia en nuestra felicidad, no solo como individuos sino también como parejas, familias, comunidades, naciones y humanidad. Ya se trate de una relación que se encuentre en un mal momento, de una adicción insana o de una amenaza de guerra, podemos crear un espacio para que surjan oportunidades. A medida que el polvo creado por nuestro estrés empieza a posarse, podemos abrirnos y relajarnos en la situación en que nos encontramos. Puede empezar a surgir un nuevo tipo de sabiduría, y de esa manera nos manifestaremos de forma más creativa, decisiva y apropiada.

Parece sencillo, ¿verdad? Y en cierto sentido lo es; si podemos realmente estar presentes aquí y ahora, seremos capaces de comenzar a relacionarnos con la vida de un modo más armonioso. Desafortunadamente, aunque es simple, no resulta fácil actuar de ese modo. Inténtalo y quizás te des cuenta de lo que queremos decir. Durante los próximos dos minutos, deja este libro y deja que tu mente y tu cuerpo descansen en el momento presente. No intentes *hacer* nada; solo permítete *ser*.

LA COSTUMBRE DE ESTAR OCUPADOS

¿Qué tal te ha ido esta breve experiencia? Quizás te has sentido desconcertado —«No tengo muy claro qué es lo que tengo que hacer; ¿tiene que pasar algo?»—, irritado —«¡Vaya ejercicio más estúpido! ¡Claro que sé cómo estar! ¿Acaso no estoy todo el tiempo?»— o emocionado —«¡Qué bien! ¡Estamos llegando ya a la parte en que me dicen cómo solucionar todos los problemas!»—. Quizás te ha interrumpido alguien que pensó que estabas actuando de forma extraña o que quería por todos los medios que le prestaras atención. Tal vez te ha molestado el ruido de un coche y has empezado a pensar que te gustaría que hubiera más silencio. Probablemente has comenzado a preocuparte porque habías dejado el gas encendido. O quizás te has puesto nervioso y te has sentido obligado a dejar el ejercicio y hacerte un café. O puede ser que ni siquiera hayas empezado a realizarlo; no has podido esperar a leer el párrafo siguiente, o simplemente no te has molestado en hacerlo. Sea lo que sea lo que haya ocurrido, lo más probable es que no te encontraras de modo instantáneo sintiéndote naturalmente sabio, abierto y relajado, espontáneamente en armonía con tu mundo. Sin embargo, si lo has conseguido, felicidades: ¡probablemente no necesites este libro!

¿Por qué resulta tan difícil «ser» para la mayoría de nosotros? No debería ser tan complicado morar en el aquí y el ahora durante un par de minutos. Pero lo es, porque no estamos acostumbrados a ello. Durante la mayor parte de nuestras vidas hemos practicado el continuo hacer y la distracción, y las presiones constantes a nuestro alrededor mantienen esta costumbre en su lugar. Incluso forma parte de nuestra biología: esos patrones de comportamiento han arraigado en nosotros a través de millones de años de evolución. Para liberarnos, necesitamos ayuda. Necesitamos un antídoto. Necesitamos un método.

EL MÉTODO MINDFULNESS

Ese método es el mindfulness. Con él nos entrenamos en prestar atención; percibimos plenamente nuestros pensamientos y emociones, lo que está ocurriendo en nuestro cuerpo y en el mundo que nos rodea. Al trabajar con ejercicios sencillos de meditación, generamos deliberada y suavemente más conciencia —más «ser»— en nuestra experiencia. Progresivamente, a medida que prestamos atención empezamos a percibir cómo nos quedamos atrapados, con el piloto automático encendido, reproduciendo de forma inconsciente patrones que pueden crear estrés y sufrimiento en nuestras vidas. A medida que practiquemos esta nueva forma de relacionarnos, podremos liberarnos poco a poco de estas costumbres anticuadas.

Para practicar mindfulness, abandonamos durante un rato la acción y nos limitamos a observar qué ocurre, con curiosidad y amabilidad. Vemos que todo surge y desaparece, y que no tenemos que quedarnos atrapados en ello. Podemos observarlo todo con amabilidad, compasión e interés. Empezamos a ver que no somos únicamente los pensamientos y sentimientos que albergamos, y que estos no deben dominarnos; aprendemos que podemos dejar de tomárnoslo todo tan a pecho; comenzamos a vislumbrar la posibilidad de vivir de forma más ligera, y podemos empezar a soltar el peso que cargamos, y gracias a ello descubrimos la base para relacionarnos con más amabilidad y confianza con nosotros mismos, con los demás y con la vida.

Con el mindfulness aprendemos a tolerar el impulso de seguir patrones que no nos sirven. Cultivamos un espacio entre el pensamiento y la acción, y poco a poco, a medida que adquirimos más habilidad en la práctica, aumenta nuestra capacidad de estar en este espacio, y cada vez reaccionamos de forma menos compulsiva. Podemos mantener la experiencia lo suficiente para considerar las opciones de las que disponemos. Podemos dejar de funcionar con el piloto automático.

Practicar mindfulness significa abandonar la búsqueda de respuestas inmediatas que proceden del exterior. Significa dar un paso profundo y radical, empezar a trabajar con el sufrimiento en el centro de nuestra propia experiencia. Esto es algo que nos confiere muchísimo poder, ya que, aunque quizás parezca que no tenemos un control total sobre los sucesos externos, siempre podemos trabajar con la mente de un modo suave, firme y repetido, entrenándonos para progresar en medio de los desafíos de la vida. Al realizar este trabajo interior, no solo hacemos retoques en nuestro entorno laboral y familiar, en el lugar donde vivimos y en cuanto a la cantidad de dinero que ganamos o con quién entablamos amistad, sino que cambiamos el modo en que nos relacionamos con la conciencia, que es la facultad que en realidad experimenta lo que somos. Esto significa que, independientemente de lo que nos ocurra, tenemos en las manos de forma más directa las herramientas que necesitamos para nuestro bienestar.

Es algo así como una televisión con la imagen borrosa; primero se desdibuja la imagen, después se para y finalmente solo aparece nieve en la pantalla. Intentas cambiar de canal, tocas todos los botones del mando, enciendes y apagas una y otra vez el televisor y acabas dándole golpes. Al final llamas al técnico, que sube al tejado y recoloca la antena, ya que el viento la había movido, y vuelves a ver tu programa favorito con claridad.

Muchos de nosotros nos ocupamos de nuestros problemas del mismo modo: intentamos cambiar de canal y le damos golpes al mando o patadas al televisor, luchando por cambiar los contenidos de nuestra vida. Cuando practicamos mindfulness, aprendemos a cambiar la posición de nuestra antena para verlo todo desde una perspectiva diferente. Tratamos de ver la experiencia de un modo más nítido y pleno.

Esta forma de ser —el camino del mindfulness— no es nueva. Ha sido defendida y practicada por hombres y mujeres sabios a lo largo de miles de años. Hay muchos millones de personas que han probado este camino y han descubierto que les ayuda; afirman que gracias a él se sienten más amables, más centrados y más conectados, más vivos. A partir de un mayor ser, aseguran haber experimentado un cambio beneficioso en el modo en el que se relacionan con la vida.

Desafortunadamente, a pesar de que esta sabiduría ha estado ahí durante miles de años, en nuestra cultura no se ha conocido ni practicado de forma generalizada. A menudo se ha desestimado la meditación como algo relacionado con las religiones del Oriente exótico o como una espiritualidad chiflada de la Nueva Era. A veces dice la gente: «todo eso está bien para gente alternativa, pero para nosotros, los comunes mortales, es una pérdida de tiempo». Por desgracia, no se ha prestado atención a la posibilidad de que el mindfulness pueda ayudarnos a sobrellevar las exigencias del mundo moderno.

EL MINDFULNESS DENTRO DE LA CORRIENTE DOMINANTE

En los últimos años, ha habido personas poderosas que han empezado a prestar atención y a percibir, a ser conscientes de que quizás haya algún otro modo de abordar algunos de los grandes problemas a los que se enfrenta el mundo. Ya no es un asunto que solo se discute en los ambientes marginales espirituales, en las secciones de autoayuda de las librerías y en los centros de salud alternativos; ahora ha pasado a ser una cuestión que defienden médicos, responsables de la salud y políticos. Casi uno de cada diez de nosotros ya practicamos la meditación,[10] y hay muchos otros que se van interesando en ella. Finalmente el mindfulness se está tomando en serio; está entrando dentro de la corriente dominante.

Pero ¿por qué está ocurriendo ahora? Al fin y al cabo, los practicantes llevan miles de años señalando que la meditación conduce a un mayor bienestar, y a pesar de ello nadie ha hecho demasiado caso. ¿Acaso estamos reconociendo por fin el impacto de nuestros estilos de vida, dándonos cuenta de lo desequilibrados que nos encontramos? En un mundo dominado por la velocidad, la agresión y la distracción, ¿estamos sintiendo de forma intuitiva que necesitamos más quietud y presencia en nuestras vidas?

Quizás sí, pero existe otra razón por la que hoy en día se presta más atención que nunca al mindfulness: la ciencia. En los últimos años se ha realizado una gran cantidad de investigaciones sobre el tema, que han demostrado algunas de las afirmaciones que se hacen sobre su efectividad. Ha habido practicantes e investigadores pioneros que han desarrollado nuevos programas basados en la meditación y los han examinado cuidadosamente para comprobar si funcionan. Esto empezó con un lento goteo de estudios en los ochenta y los noventa, pero desde el cambio de milenio este goteo ha aumentado hasta convertirse en una oleada. Ahora se publican trescientos o cuatrocientos artículos científicos al año sobre mindfulness, y las pruebas demuestran que puede ayudar en una gran variedad de problemas.[11]

¿Qué nos dicen los datos? En primer lugar, nos indican que el mindfulness nos puede ayudar a tratar el estrés, la ansiedad y la depresión, influyendo de ese modo en nuestra salud psicológica de muchas formas positivas. También nos puede ser útil para abandonar la tendencia al pensamiento negativo, mejorar nuestra calidad de vida y aumentar la autoestima y el equilibrio emocional. Asimismo, nos puede ayudar a aguzar la atención, la concentración y la memoria.

En segundo lugar, las investigaciones señalan que el mindfulness puede jugar un papel muy importante a la hora de cuidar de nuestra salud física, ya que refuerza el sistema inmunitario, acelera la curación y ayuda a afrontar una amplia gama de enfermedades comunes y debilitadoras, incluidos el dolor crónico, el cáncer y la diabetes.

En tercer lugar, los estudios demuestran que el mindfulness nos puede ayudar a abandonar tendencias poco hábiles de comportamiento, a controlar los desórdenes alimenticios y los abusos de ciertas sustancias, a mejorar el sueño y a obtener equilibrio cuando nos dejamos llevar por la ira y otras emociones intensas.

En cuarto lugar, la ciencia sugiere que el mindfulness puede hacer que nos relacionemos con los demás de forma más efectiva. Por ejemplo, los estudios han demostrado que puede ayudarnos a disfrutar de relaciones más satisfactorias y empáticas, al promover la creatividad y la compasión hacia los demás, ya sea en casa, en el colegio, en el trabajo, con nuestros amigos o con nuestra comunidad.

Los investigadores también han descubierto que practicar mindfulness puede conducir a cambios en el cerebro y en el resto del cuerpo que parecen reflejar este mayor bienestar. La meditación parece incrementar la actividad –e incluso promover el crecimiento– de redes neuronales asociadas con actitudes positivas y reducir la actividad en áreas del cerebro asociadas con la angustia. Del mismo modo, regula el sistema nervioso y reduce los niveles de estrés hormonal. Mientras que las distracciones favorecidas por la tecnología de este siglo XXI que nos ha tocado vivir parecen estar alterándonos la mente y el cuerpo de forma dañina, la antigua tecnología interior de la meditación promueve cambios biológicos útiles.

Algunos estudios también han revelado que las personas que tienen una tendencia natural a prestar atención son menos neuróticas, están menos a la defensiva y son más extrovertidas que aquellas que prestan menos atención, además de que disfrutan de más energía y conciencia y generalmente son más felices. Cuando están de mal humor, se recuperan antes. Los individuos que practican mindfulness se preocupan por los demás –se sienten más cercanos y conectados a ellos–, actúan de forma más respetuosa con su entorno y son más amables con el planeta.

Mindfulness

Vivimos en una era científica, y cuando las investigaciones demuestran que algo es beneficioso la gente se lo toma en serio. Eso es comprensible, ya que el método científico ha conducido durante los últimos siglos a muchos de los logros del mundo del «hacer», especialmente en campos como la medicina y la salud. Cuando unos cuantos devotos espirituales o marginados de la Nueva Era aseguraban que la meditación era útil, nunca convencieron a la opinión mayoritaria; sin embargo, cuando los reputados académicos de universidades como Harvard y Oxford empezaron a decir eso mismo y a proporcionar datos que lo probaban, todo cambió.

¿QUÉ ES MINDFULNESS?

Resulta complicado intentar definir el mindfulness. Las definiciones pueden servir de ayuda, pero también conducir al error. Piensa por ejemplo en las nociones de mindfulness que se han utilizado normalmente: hablamos de estar atentos a los sentimientos de los demás, a los transeúntes que cruzan una calle muy transitada o a los escalones cuando nos bajamos del tren. A pesar de que el mindfulness utilizado en ese sentido tiene algo que ver con prestar atención y tener cuidado, aquí empleamos el término en un sentido más amplio. La definición que se utiliza a menudo en los cursos en los que se enseña mindfulness es «prestar atención de un modo especial: a propósito, en este preciso instante y sin juzgar». En este caso, parece que hace referencia a una cualidad deliberada e imparcial de la conciencia que nos conecta con el aquí y el ahora. No obstante, esto sigue sin mostrarnos realmente cómo desarrollar este tipo de atención o qué es lo que se siente al experimentarla.

En otras ocasiones puede que oigamos hablar de mindfulness en el sentido de meditación; en ese sentido, parece que requiere sentarse o tumbarse y poner la atención en la respiración, en una frase concreta o en los pensamientos.

¿En todo esto consiste el mindfulness? El problema al abordar esta práctica como un concepto que debe ser definido es que inevitablemente terminamos pensando en ella y, al hacer eso, sigue siendo una idea y no una experiencia. Como muestra una imagen tradicional, las palabras son «dedos que señalan a la Luna»; nos guían para que sepamos adónde debemos mirar, pero no debemos confundirlos con la propia Luna.

Visualiza un plátano. Si no hubieras visto nunca uno, ¿te diría mucho sobre él la descripción «fruta amarilla y pastosa»? Quizás algo, pero sin duda no tanto como si vieras y saborearas el plátano por ti mismo; podrías pensar que es similar a otra fruta que también se ajuste a esa descripción y que ya conozcas, por ejemplo un mango. Tu idea de «plátano» no será precisa, sino que estará basada en tus ideas preconcebidas, hasta que entres en contacto directo con uno. Incluso entonces, solo será ese plátano de ese momento. Tu idea de «plátano» está basada en todas tus experiencias anteriores; nunca podrá describir plenamente la experiencia del momento en que sentimos cada pieza de fruta. Las palabras y los conceptos no son más que pobres sustitutos de la experiencia. Lo mismo ocurre con el mindfulness: nuestras ideas están destinadas a ser imprecisas a menos que las experimentemos por nosotros mismos. Quizás esto sea especialmente oportuno en el caso del mindfulness, ya que el término hace referencia a la experiencia directa, libre de nuestras ideas preconcebidas. El mindfulness es un concepto acerca de transcender nuestra tendencia a conceptualizar; ¡no es extraño que nos resulte complicado intentar describirlo! Si realmente queremos entenderlo, tenemos que practicarlo. Las palabras no lo expresarán completamente.

Podría compararse también con aprender a tocar el piano; podemos leer muchos libros sobre tocar el piano, pero hasta que no nos sentemos realmente frente al teclado y empecemos a tocar, preferiblemente bajo la orientación de un buen profesor, no sabremos qué sonidos seremos capaces de producir. Lo mismo ocurre con el mindfulness: no importa todo lo que leamos acerca de «ser»; mientras no lo practiquemos realmente, solo nos daremos cuenta de forma limitada de cómo puede ayudarnos.

Tal como hemos descubierto ya, intentar «ser» no es fácil. Al igual que ocurre al sentarse frente a un piano sin haber tomado ninguna clase, el resultado puede que no sea demasiado armonioso. Afortunadamente, durante miles de años se han desarrollado métodos sencillos que nos ayudan a conectar con el ser y a entrenar nuestra conciencia. Uno de ellos es la meditación, cuyo efecto sobre el mindfulness es similar a recibir clases de un instrumento que nos ayuden a tocarlo.

En los siguientes capítulos te ofreceremos indicaciones para practicar la meditación, así como ideas de otros caminos en los que puedes buscar instrucción acerca del mindfulness. Mientras tanto, te mostramos algunas palabras que pueden darte una idea del mindfulness. No las analices demasiado, ni te preocupes si ahora mismo no parecen tener mucho sentido; recuerda que estas descripciones no son más que dedos que señalan a la Luna: pueden ayudarte a reconocer el mindfulness cuando lo experimentes, pero nunca podrán sustituir a la propia experiencia.

- » Mindfulness significa observar las cosas tal como son: los pensamientos, las emociones, las sensaciones corporales y lo que está ocurriendo a nuestro alrededor. Nos muestra el mundo como un espejo que refleja las imágenes; de forma clara, abierta e imparcial. Es lo que sucede cuando la mente observa y se implica de forma consciente en la vida, en lugar de quedar ciegamente atrapada en lo que ocurre.
- » Mindfulness es un modo de experimentar el mundo a través de los sentidos y la intuición, y no a través del filtro del pensamiento. Nos conecta a la comprensión experimental; nos lleva a penetrar en el corazón de las cosas, más allá de las historias que contamos de nuestras vidas.
- » El mindfulness es deliberado, energético, cuidadoso y preciso. También acepta; es suave, espacioso y amable.
- » Nos ayuda a practicar ser más conscientes y a «estar en» nuestra experiencia en lugar de reaccionar a ella impulsivamente. Esto nos ofrece más posibilidades de relacionarnos con las situaciones que vivimos.
- » El mindfulness une el cuerpo y la mente, en equilibrio y de forma fluida. En algunas religiones orientales se dice que la mente no está situada en la cabeza, sino en

el corazón; por lo tanto, mindfulness sería estar con todo el corazón. Es una actitud de calidez, amistad y compasión hacia nosotros mismos y hacia los demás.

» Mindfulness significa afirmarse en la vida (aunque sea dolorosa), abordar las experiencias con interés, curiosidad, valentía y ecuanimidad. Es desde este terreno de aceptación desde el que podemos actuar consciente y decisivamente, sin vernos obstaculizados por nuestra costumbre de juzgar, etiquetar y reaccionar.

» Mindfulness es llegar a conocerte a ti mismo, del interior al exterior y del exterior al interior. Es saber lo que estás haciendo en el momento en que lo estás haciendo. Es estar despierto a la vida, en lugar de pasar por ella sonámbulo.

» Mindfulness es el acto de acordarse de prestar atención; es lo contrario al piloto automático, al modo en el que nos limitamos a seguir ciegamente nuestros hábitos, sin estar por completo presentes en lo que está ocurriendo. Cuando estamos con el piloto automático, puede que vayamos conduciendo por la carretera y nos pasemos el desvío que teníamos previsto porque estamos pensando en otra cosa. Cuando conducimos con atención plena, estamos totalmente presentes a la experiencia de conducir, conscientes de la carretera, del coche, de nuestros pensamientos y sentimientos sobre el viaje, de otros conductores, etc.

» Mindfulness significa relacionarnos con nuestros pensamientos solo como pensamientos, con nuestros sentimientos solo como sentimientos, con nuestras acciones solo como acciones; no son la totalidad de lo que somos. El mindfulness surge de una conciencia profunda que no está atrapada en los pensamientos y sentimientos, a pesar de que es capaz de verlos y trabajar con ellos de forma eficiente. Así, nos relacionamos *con* nuestra experiencia en lugar de solo *desde* nuestra experiencia.

El mindfulness es fácil de aprender y nos ayuda con una gran variedad de problemas. Se puede utilizar en el autobús, en el supermercado, en la mesa de trabajo o en la cama. No necesitas nada especial; solo la mente y el cuerpo. Y a pesar de que adquirir habilidad en él requiera práctica, no requiere que te pases años meditando en un *ashram* o en un monasterio; una práctica semanal de menos de veinte minutos al día puede ser suficiente para que empieces a lograr cambios.[12] Desde las pequeñas quejas cotidianas hasta los mayores problemas globales, probablemente no haya ninguna circunstancia en la que no resulte beneficioso gozar de una atención más plena.

Gracias a la investigación científica, esta práctica está empezando a llegar a algunas de las personas que más lo necesitan. En los Estados Unidos, el mindfulness ya se enseña en muchos hospitales a pacientes con diversas afecciones, que van desde la ansiedad, el cansancio y el dolor de espalda hasta enfermedades del corazón, el sida y el cáncer. En el Reino Unido, el Gobierno lo ha recomendado como tratamiento para personas que han experimentado episodios repetidos de depresión. Los médicos de atención primaria cada vez están más convencidos de su utilidad,[13] y se han establecido programas para que llegue a personas con adicciones, a mujeres embarazadas y a sus compañeros, a escolares y a parejas que desean tener relaciones más satisfactorias.

Muchos científicos, animados por los resultados que se han producido hasta ahora, se están introduciendo en este terreno, y hay más organismos de financiación dispuestos a apoyar investigaciones en lo que se está empezando a considerar un campo respetable de estudio. Entre 2008 y 2010, los institutos de salud nacional estadounidenses concedieron ciento dos dotaciones de hasta un millón doscientos mil dólares para investigar el mindfulness.[14]

Dado que el mindfulness parece ser una forma tan útil de abordar el estrés, se puede aplicar a toda una variedad de contextos; al fin y al cabo, el estrés es algo que se encuentra en todas partes. Desde las exigencias cotidianas del hogar y del trabajo hasta determinadas enfermedades, desde nuestros problemas y conflictos individuales hasta asuntos internacionales como la guerra o el cambio climático, el estrés hace que las cosas empeoren. Si el mindfulness nos puede ayudar a controlar mejor el estrés, también podrá ayudarnos a sobrellevarlo mejor todo.

Hoy en día el enfoque del mindfulness es bastante conocido y respetado entre los profesionales de la salud, pero cuando tenemos en cuenta el número de personas que sufren ansiedad, depresión y una mala salud física crónica, los servicios que hay a su disposición no son más que una gota en el océano. Lo mismo ocurre en las escuelas, los lugares de trabajo y las prisiones: se ofrecen estimulantes programas piloto, pero probablemente la mayoría de las personas todavía no sean conscientes de cómo les puede ayudar el mindfulness.

Por eso hemos decidido escribir este libro, en el cual nos gustaría invitarte a saber más sobre esta técnica explorando su historia, filosofía, ciencia y práctica. Nos gustaría invitarte a que descubrieras qué utilidad puede tener en tu propia vida y en el mundo estresado en el que vivimos. Y nos gustaría invitarte a empezar a practicar mindfulness con nosotros, a que salgas del camino trillado del «hacer» y de la distracción e investigues esta forma de ser. No prometemos resultados instantáneos; es más, si queremos que la práctica funcione, debemos abandonar el ansia obsesiva por los objetivos y la necesidad de soluciones rápidas. Si somos capaces de abandonar estas expectativas puede que podamos relajarnos y disfrutar del viaje.

Empezaremos explorando el origen del mindfulness, sus raíces en prácticas espirituales que se remontan a hace miles de años y su papel como eje de las antiguas enseñanzas budistas relacionadas con el modo de mitigar el sufrimiento. A continuación, en el capítulo siguiente, describiremos cómo esta práctica llegó a Occidente a finales del siglo xx y cómo se adaptó para ayudar a personas que padecían enfermedades crónicas. Examinaremos cómo el mindfulness afecta al cuerpo, y cómo practicarlo reduce el nivel de estrés y nos ayuda a afrontar problemas de salud física.

Después contaremos la historia de cómo a mediados de los noventa los psicólogos que trabajaban en el área de la salud mental descubrieron el mindfulness y cómo su «nuevo» tratamiento ha tenido un éxito considerable a la hora de ayudar a la gente a afrontar la depresión. También veremos cómo las antiguas enseñanzas sobre esta técnica conectan con la moderna investigación neurocientífica que sugiere que la meditación puede alterar el modo en que funciona el cerebro e incluso su estructura física.

Posteriormente mostraremos su utilidad a la hora de tratar adicciones, y cómo cualquier persona puede desarrollar una gran habilidad para abandonar comportamientos destructivos. También señalaremos cómo puede ayudarnos a ser más efectivos y felices en otros aspectos de nuestra vida, tales como el trabajo y las relaciones. Finalmente, observaremos el cuadro completo: cómo el mindfulness puede facilitar un planteamiento más saludable de los problemas sociales y ayudarnos a afrontar los miles de desafíos de nuestra época.

A lo largo de todo este camino compartiremos nuestras propias experiencias, así como historias de personas cuyas vidas se han visto afectadas y beneficiadas por el mindfulness. También te ofreceremos consejos y sugerencias sobre cómo empezar a desarrollar tu propia práctica de meditación, haciéndote saborear la experiencia e indicándote algunos caminos para que sigas investigando.

Practicar mindfulness no siempre es una experiencia cómoda. Tendemos a apoyarnos en la rutina, ya que nos encontramos cómodos en los patrones habituales de comportamiento que hemos practicado durante casi toda la vida. Estos patrones no desaparecen de la noche a la mañana. La práctica de la meditación requiere paciencia, disciplina y energía, así como amabilidad y compasión. En algunas ocasiones puede resultar frustrante, aburrida o confusa, y en otras puede parecer que no ha ocurrido nada. Tal vez sigamos atrapados en las esperanzas, el miedo y la velocidad y nos sigamos sintiendo empujados hacia nuestros antiguos hábitos. Quizás nos resulte doloroso ver y experimentar esos hábitos de forma tan clara y afrontar nuestras dificultades directamente en lugar de intentar hacerles caso omiso o escapar de ellas.

No obstante, si estamos motivados, puede surgir en nosotros una perspectiva nueva. Al practicar con asiduidad y sin buscar resultados, el cuerpo y la mente pueden relajarse, y es probable que de ese modo nuestros hábitos dejen de tener tanto poder sobre nosotros. Podemos empezar a estar presentes más a menudo, tener más seguridad, ser más abiertos y estar más relajados. Podemos empezar a ser, además de hacer.

Antes de seguir adelante, creemos que podría ser útil compartir contigo cómo comenzamos a confiar en el poder del mindfulness. En primer lugar, gracias a nuestra experiencia profesional. Dado que uno de nosotros es médico de medicina general y el otro profesor de mindfulness, ambos nos encontramos constantemente con personas que sufren enfermedades causadas y empeoradas por el estrés. Hemos llegado a ser conscientes de cómo las presiones del mundo en el que vivimos se hallan en la raíz de gran parte del dolor y el sufrimiento que vemos. Hemos examinado los estudios científicos, y también hemos visto a individuos a quienes les fue de gran ayuda aprender a practicar la meditación: sus niveles de ansiedad disminuyeron, su estado mejoró y su capacidad de salir adelante aumentó, a pesar de que a menudo se trataba de personas que presentaban graves problemas de salud.

En segundo lugar, hemos llegado a confiar tanto en el mindfulness debido a lo que nos hemos beneficiado nosotros mismos de él. Ambos experimentamos esa presión de hacer, lograr y consumir que es endémica en la sociedad en la que nos ha tocado vivir; somos vulnerables a esa presión y a la tensión que genera. Ambos hemos descubierto que el mindfulness es un poderoso antídoto; no una cura milagrosa, sino una forma sencilla y efectiva de trabajar con esas experiencias. A continuación tienes un breve resumen de cómo llegó cada uno de nosotros a esta conclusión y cómo sigue siendo válida en nuestras vidas.

La experiencia de Jonty

Entré en contacto por primera vez con el mindfulness y la meditación hace unos nueve años. Acababa de cumplir los treinta y tenía un montón de cosas que celebrar: estaba progresando bastante en una carrera satisfactoria como médico de medicina general; además, tenía buenos amigos y ningún problema económico remarcable. Debería haber tenido una sensación de éxito; sin embargo, me sentía mentalmente atascado. Era infeliz y no sabía por qué.
No me parecía que estuviera deprimido y sabía que no precisaba ninguna medicación, pero al mismo tiempo me daba cuenta de que necesitaba ayuda para desenredar el nudo mental que me oprimía. Empecé a ir a un psicoterapeuta, que me ayudó mucho; no obstante, al terminar la terapia sentí que quería descubrir una forma continua de trabajar con la mente, de modo que me decidí a investigar sobre la meditación.
Como la mayoría de las personas, cuando oí hablar por primera vez de esta práctica hice un montón de suposiciones. Mis amigos bromeaban con la idea de que estuviera sentado con las piernas cruzadas y comiendo lentejas (¡para practicar la atención plena no hace falta

nada de eso!). La mayor resistencia que sentía era debida a los orígenes budistas de la práctica. No tenía un conocimiento real de la filosofía budista, pero me preocupaba implicarme en cualquier cosa que fuera «religiosa». Como médico, trataba de adoptar un enfoque científico de la vida y, a pesar de que respeto todos los credos y tradiciones, buscaba algo que me pudiera ofrecer alguna *prueba* de sus beneficios, tanto personal como profesionalmente.

Fui lo suficientemente afortunado como para descubrir el Centro de Meditación Shambhala de Londres. Allí, además de cursos budistas, también ofrecían una aproximación a la meditación más secular, y los profesores estaban completamente abiertos a mi proceso de exploración. Si la psicoterapia fue el primer paso que di para cambiar mi relación conmigo mismo, la meditación me ofreció una técnica muy práctica para observar mi vida de forma continua y reflexionar sobre ella. Seguí sin decir que soy «budista», pero el conocimiento y la sabiduría que he descubierto a lo largo del proceso me han proporcionado una estructura que no solo me ha ayudado a calmar la mente, sino también a entender más su naturaleza. ¡Esto me da mucha tranquilidad a medida que soy más capaz de darme cuenta de mis tendencias neuróticas!

No me he convertido en una nueva persona. Sin embargo, ha aumentado mi capacidad de ser consciente de cómo pienso y de qué hago, así como del impacto que esto tiene en mí y en la gente que me rodea. La mayor diferencia es que lo hago con mayor compasión y humor, y juzgando y autocriticándome menos que antes. Ahora soy capaz de investigar sobre mi vida sin sentirme empujado a probar y a resolver cada problema al que me enfrento y sin alimentar el ciclo constante de autosuperación en el que quedaba atrapado tan fácilmente.

Al principio, la meditación me resultaba incómoda, tanto mental como físicamente. El hecho de limitarme a sentarme, a percibir y a dejar pasar era demasiado diferente a mi planteamiento habitual de la vida, energético y dirigido a encontrar soluciones. Encontré la práctica frustrante (y debo admitir que en muchas ocasiones todavía me resulta así). Sin embargo, a medida que pasaba el tiempo empecé a notar cambios en la forma en que me enfrentaba a las situaciones del trabajo, en mi confianza en las relaciones y, lo mejor de todo, en mi capacidad de conectar con los pacientes. A medida que me distraía menos con los demás pensamientos que reclamaban mi atención, tenía una mayor capacidad de estar más atento y a disposición en la consulta. Al empezar a meditar asiduamente descubrí que era más capaz de estar presente en todas las situaciones a las que me enfrentaba, tanto fuera como dentro del mundo laboral.

Esto no siempre resulta cómodo, porque el mindfulness me permite verlo todo tal como es en lugar de como me gustaría que fuera. Pero también me permite aplicar la inteligencia y el corazón para soportar cualquier situación que se presente. Esto me ofrece la oportunidad de quitarme las vendas de los ojos y de ser más creativo, equitativo y compasivo en mis respuestas, y no limitarme a reaccionar como de costumbre, a la defensiva frente a los nuevos retos.

He constatado lo útiles que estas prácticas me han resultado en la vida y en la habilidad para cuidar de mí mismo, de mis pacientes, de mi familia y de mis amigos. Me han dado la valentía para decir «sí» a cosas que antes me habría atemorizado aceptar (ya sea aparecer en la televisión ante millones de personas o incluso escribir un libro) y para decir «no» a otras que normalmente me harían sentir inseguro a la hora de rechazarlas.

La experiencia de Ed

Aprender a practicar la meditación fue el punto clave que me condujo a recuperarme de un período de depresión crónica y ansiedad que había durado casi tres años. Tras un trabajo acelerado y mecánico en los medios de comunicación que me había proporcionado muchos beneficios materiales, de repente me derrumbé bajo el peso del estrés. Después de dejar el trabajo, era infeliz y estaba asustado. Pensé que la forma de abordar los problemas era *hacer* algo. En ese momento me sentía tan ansioso que estaba dispuesto a probar cualquier cosa.

Al cabo de unos meses, tenía tantos libros de psicología y de autoayuda que podría haber abierto una librería. Estaba yendo a un terapeuta, tomando antidepresivos, asistiendo a grupos de ayuda, haciendo cursos y todo tipo de tratamientos alternativos. Intenté cambiar de amigos, de trabajo, de lugar de residencia, pero nada de eso parecía servir. De hecho, solo me hizo más impotente. Al buscar respuestas con el desconsuelo desesperado que me había llevado a la crisis, estaba perpetuando los mismos viejos patrones. Pensaba que solo con que pudiera seguir intentándolo con más fuerza sería capaz de lograr un futuro más feliz.

Entre todos los libros que tenía, había algunos de meditación. Había personas que me decían que esta me podía ayudar, de modo que fui a un centro local en el que enseñaban esa práctica. Al principio, la abordé del mismo modo que hice con los otros remedios: lanzándome a ella con la esperanza de encontrar finalmente la respuesta. Pero hay algo muy inteligente en la meditación: es imposible seguir las indicaciones correctamente y buscar resultados al mismo tiempo. Poco después lo descubrí; el problema no era tanto *lo que* estaba haciendo, sino *cómo* funcionaba mi mente; se esforzaba más de la cuenta, iba demasiado deprisa. Con la meditación vi por primera vez mi tendencia a la velocidad y a la distracción. Me relajé, al menos ligeramente. Al cabo de unos meses de meditar todos los días, empezaron a desaparecer la depresión y la ansiedad.

Todavía tengo tendencia a exigirme demasiado y a deprimirme, de modo que sigo practicando, ya que los patrones habituales pueden ser persistentes. Sin embargo, poco a poco los ataques de malestar mental que solían ser tan frecuentes y debilitadores han disminuido, tanto en frecuencia como en duración.

Capítulo 2

MINDFULNESS DE LA RESPIRACIÓN

Dedica un tiempo cada día a ser consciente de la respiración; entra en contacto con la extraordinaria experiencia de estar vivo.

¿Eres consciente de la respiración? Es decir, ¿eres realmente consciente de la experiencia de la respiración, en este preciso instante, en tu cuerpo? No me refiero a que pienses «sí, claro, estoy respirando», sino a que tengas realmente la sensación de la respiración circulando por tu cuerpo en este mismo momento. ¿Eres consciente del aire que te roza suavemente el interior de la nariz cuando inspiras? ¿Sientes cómo se te eleva el pecho a medida que se te llenan los pulmones de aire? ¿Eres capaz de sentir cómo se te ensancha el abdomen mientras el aire desciende al estómago? En cuanto a tu corazón, ¿puedes sentir sus latidos, cómo te bombea sangre oxigenada por el cuerpo? ¿Eres consciente cuando espiras, de cómo se te contrae el estómago y desciende el pecho, de la suave brisa que sientes bajo la nariz o sobre los labios a medida que el aire se vuelve a mezclar una vez más con el espacio que te rodea?

Observa si eres capaz de prestarle atención a la respiración de esta manera durante unos momentos. Conecta realmente con ella, no como una idea intelectual, sino sintiéndola, tocándola. Sé curioso con la experiencia. ¿Dónde sientes esas sensaciones? ¿Cómo son? No es necesario analizarlas; basta con sentirlas. Cada vez que descubras que tu atención se ha alejado de la respiración –de repente te descubres a ti mismo pensando, por ejemplo, en lo que has desayunado por la mañana, en el dolor de estómago que tienes o en lo raro que es este ejercicio–, limítate a percatarte de que la mente se ha alejado y hazla regresar amablemente, para que vuelva a descansar en la respiración una vez más. Esta es la práctica de la respiración *mindful* o consciente.

¿No te parece algo increíble la respiración? Día y noche nuestro cuerpo no hace más que respirar, seamos conscientes de ello o no. Incluso cuando dormimos estamos inhalando, llenando los pulmones y alimentando nuestros órganos. La respiración nos mantiene vivos. No necesitamos hacer nada; solo dejar que ocurra. El cuerpo respira por nosotros. Es maravilloso.

¿Con qué frecuencia le prestas atención a la respiración de este modo? Y ¿con qué frecuencia la das por hecha, pensando que el cuerpo te mantendrá vivo simplemente porque eso es lo que ha estado haciendo durante toda la vida?

Respirar es la actividad más básica que podemos hacer como criaturas vivientes. Cuando dejamos de respirar durante unos cuantos minutos, morimos. Y, a pesar de ello, pocas veces le prestamos atención a este proceso vital; en raras ocasiones nos damos cuenta de qué se siente, en el nivel corporal más básico, estando vivo.

Si, a pesar de ser este un proceso que está ocurriendo en nosotros continuamente, casi nunca notamos la textura, las características y la sensación de la respiración, ¿qué más nos estaremos perdiendo? ¿Qué otras experiencias tienen lugar de forma rutinaria para nosotros, quizás porque estamos demasiado ocupados pensando en el pasado o el futuro, o intentando llegar a algún otro sitio distinto del lugar en el que nos encontramos? ¿Durante cuánto tiempo nos movemos en la vida con el piloto automático?

Si somos capaces de prestar atención a cada uno de los momentos del mismo modo que a la respiración, puede que descubramos mucho más sobre nosotros mismos y sobre el mundo que nos rodea. A nuestro alrededor habitualmente hay magia, por ejemplo en la majestad de un árbol; quizás uno que se yergue desde hace cientos de años: esas partes vivas —hojas, ramas y tronco— son todas tan milagrosas y misteriosas como nuestros propios cuerpos. En el mundo natural hay incontables maravillas: desde los insectos y los roedores que se arrastran o que corretean a nuestros pies hasta las estrellas y el Sol; esas formaciones gigantescas que, sin embargo, no son más que una partícula diminuta de este universo del que realmente conocemos tan poco.

Tal vez también podamos prestar más atención a nuestros propios logros, apreciando por ejemplo los ingredientes de una deliciosa comida, saboreando cada bocado a medida que se deshace en nuestra boca. Quizás podamos alzar la vista y contemplar los edificios de la calle en la que vivimos, y ser conscientes de con qué cuidado los han construido, ladrillo a ladrillo, y cómo nos abrigan de las inclemencias del tiempo, o incluso prestarle atención al cursor en la pantalla del ordenador, fijándonos en cómo se desplaza cuando movemos el ratón de un lado a otro. ¿Cuántos de nosotros entendemos completamente cómo y por qué funciona esta pieza de la tecnología y muchas otras que nos rodean y que por regla general damos por sentadas?

UN ANTIGUO EJERCICIO

Ser más conscientes de esta manera —con mindfulness— es algo que a lo largo de la historia se ha recomendado como medio para descubrir una perspectiva más fresca y más profunda, y para dirigirnos a una forma de vida más sana. Sócrates nos advirtió de que fuésemos «cuidadosamente con la aridez de una vida ocupada»; afirmó que «la sabiduría comienza en el asombro» e incluso que «la vida no examinada no vale la pena vivirla». Como decía el sabio chino Lao Tzu, «busca tu corazón y observa», «el camino para hacer es ser».

Franz Kafka también comprendió que la alegría puede llegarnos si nos limitamos a descansar en nuestra experiencia. Aseguraba: «No necesitas salir de tu habitación. Quédate sentado en la silla y escucha. Ni siquiera escuches; simplemente espera. El mundo se te ofrecerá libremente para que lo desenmascares; no tiene otra opción, se desplegará en éxtasis a tus pies». El valor potencial de este ejercicio ya lo percibió el matemático francés Pascal, quien sugirió que «la mayoría de los problemas del mundo se resolverían si la gente pudiera aprender a sentarse tranquilamente en una habitación».[15]

Afortunadamente, hay ejercicios de meditación que nos pueden ayudar a abrirnos a esta perspectiva más amplia, ofreciéndonos una forma de ejercitar cómo permanecer en un estado de quietud y de prestar atención. Desde que existen testimonios escritos, sabemos que los hombres han meditado: en los textos hindúes escritos alrededor de los años 3000-2000 a. de C. hay descripciones de técnicas yóguicas; y probablemente ya se practicaran con anterioridad a esta fecha. Se ha dicho que es posible que los hombres del pasado se sumieran en un estado de meditación al contemplar maravillados las llamas del fuego.

La meditación ha surgido en muchas culturas del mundo, en todas las épocas. A menudo ha tomado la forma de práctica espiritual, como en el cristianismo, el judaísmo, el islamismo o en los rituales chamánicos; ha constituido un modo de conectarnos con una experiencia profunda de la realidad. Pero aunque no seas religioso es probable que hayas experimentado momentos en la vida en los que te hayas sentido realmente presente en ti mismo, con otras personas o con el entorno, quizás en los brazos de un amante o de pie frente al mar. En esos momentos nos sentimos conectados, en contacto con el cuerpo, la mente y el mundo. El psicólogo Abraham Maslow denominó a esos estados «experiencias cumbre» y, a pesar de que se producen de forma natural, pueden ocurrir más a menudo si se practica la meditación (aunque, como descubriremos más adelante, no se pueden buscar).

La raíz de la palabra *meditación* proviene del término indoeuropeo *med*, que significa 'medir'. Al percibir algo de modo meditativo estamos tanto midiéndolo como tomando esta medida de forma mesurada. Estamos observando algo sin juicios, con conciencia y ecuanimidad, aspirando a verlo tal como es en lugar de aceptar las proyecciones que la mente añade de forma habitual a la experiencia.

UNA PRÁCTICA MÚLTIPLE

El término *meditación* puede hacer referencia a una gama muy diversa de prácticas. Algunas implican la repetición o la contemplación de una palabra o de una frase, otras utilizan la visualización, mientras que otras se basan más en el movimiento físico, como es el caso de las artes marciales o el yoga. El vocablo latino *meditatio* se refería originalmente a cualquier tipo de ejercicio, ya fuera físico o mental. Aunque no todas las prácticas de meditación se basan en el mindfulness, la mayoría de ellas implican prestar atención a algún tipo de objeto; en ese sentido tienden a fomentar el mindfulness.

Los ejercicios de mindfulness que estamos explorando en este libro, incluido el de la respiración que te mostramos al principio de este capítulo, se asocian a menudo a un príncipe indio llamado Siddhartha Gautama, que vivió hace dos mil quinientos años. A pesar de que nació en un entorno muy privilegiado, rodeado de todo tipo de lujos, Siddhartha se dio cuenta de que las riquezas del mundo no podían salvarle ni a él ni a nadie de los dolores inevitables de la vida humana (el sufrimiento asociado al envejecimiento, la enfermedad y la muerte, y a otros tipos de pérdidas y cambios). Al ser consciente de que tenía que haber otro camino, decidió abandonar las comodidades materiales de su palacio real y buscar la liberación de la insatisfacción que acompaña a buena parte de la existencia.

La historia cuenta que después de estudiar con varios maestros, y de un período posterior de práctica en aislamiento, Siddhartha afirmó haber encontrado un camino para liberarse del dolor. Durante los siguientes cuarenta y cinco años enseñó estos métodos a aquellos que buscaban liberarse del sufrimiento. Siddhartha fue conocido como Buda, que significa «el que ha despertado», y pasó el resto de su vida mostrando a los demás cómo acceder a esa misma sensación de libertad y paz.

El budismo, con sus formas institucionales, líderes espirituales y escrituras, es una de las grandes religiones del mundo. No obstante, si Buda viviera hoy, más que un líder religioso se le consideraría un psicólogo, y probablemente sus enseñanzas serían una especie de psicoterapia. A pesar de que hay elementos del budismo que pueden parecer religiosos, sus enseñanzas básicas están dirigidas a manejar la vida en el aquí y el ahora; se trata de un proceso de investigación que conduce a tener una perspectiva de cómo son las cosas, más que de un sistema de creencias sobre lo que puede existir. Es un planteamiento de la vida pragmático que pregunta: «¿cuál es la naturaleza de las cosas? ¿Cómo podemos vivir bien la vida?».

Buda disuadió a sus estudiantes de dedicarse a la especulación metafísica sobre el más allá. También les aconsejó que no confiaran en sus palabras únicamente por una cuestión de fe, por respeto a la autoridad religiosa o por las escrituras. Afirmaba que la única forma en que podían probar realmente sus enseñanzas era comprobar si estas resonaban con su propia experiencia; si cuando las ponían en práctica les resultaban útiles.

LAS CUATRO NOBLES VERDADES

En el núcleo de estas enseñanzas hay una serie de observaciones denominadas «las cuatro nobles verdades». Estas cuatro verdades ofrecen un diagnóstico conciso de las pruebas a las que se ve sometida la vida humana y una receta para trabajar de forma satisfactoria con ellas.

La primera verdad parece obvia: como seres humanos, experimentamos sufrimiento. Nacemos, nos ponemos enfermos, morimos y, entre tanto, sufrimos todo tipo de dolores físicos y mentales. El cuerpo se degrada, se desgasta y, finalmente, se descompone; la mente, por su parte, a menudo está inmersa en un torbellino en el que nos enfadamos, nos asustamos y nos deprimimos. No importa lo ricos que seamos, la buena forma en que esté nuestro cuerpo o lo equilibrados que nos encontremos mentalmente: siempre experimentaremos un nivel básico de estrés, de decepción y de insatisfacción que parece ser inherente al hecho de ser humano.

La segunda noble verdad de Buda es que el sufrimiento tiene una causa básica. Nuestros problemas se deben no tanto a que experimentamos las inconveniencias de la vida como a que deseamos constantemente *no* experimentarlas; ansiamos, nos apegamos, buscamos el placer e intentamos resistirnos y huir de las molestias. No estamos preparados para afrontar el envejecimiento, la enfermedad y la muerte, a pesar de que tanto estos como otros desagradables lances de la vida forman parte inherente del hecho de ser humanos. Intentamos apegarnos a las experiencias placenteras y evitar las dolorosas. Nos apegamos al modo en que *querríamos* que fueran las cosas y nos resistimos al modo en que son realmente.

Buda, en una famosa comparación, dijo que nuestra experiencia del sufrimiento se asemeja al hecho de que nos alcancen dos flechas. Cuando se nos clava la primera, en lugar de limitarnos a pensar que se trata de algo desagradable nos lanzamos a nosotros mismos otra. La primera flecha es el dolor inevitable de la vida, y la segunda es toda la angustia mental y emocional que le añadimos nosotros.

Lo que nos causa el sufrimiento, por consiguiente, no es tanto el dolor como nuestros intentos de evitar las experiencias difíciles y de apegarnos a la comodidad. Lo que estamos intentando lograr es imposible y de lo que estamos intentando escapar es inevitable. Todos nuestros esfuerzos por cambiar aquello que no se puede cambiar son fútiles, y están abocados al fracaso. Al hacer todos estos esfuerzos no estamos yendo al ritmo del fluir natural de la vida, sino que discurrimos en disonancia con la realidad, y eso duele.

Es probable que pensemos que conocemos las circunstancias de la vida –«por supuesto que me voy a morir; es obvio», puedes decir)–, pero no es lo mismo conocerlas a nivel intelectual que aceptarlas en el corazón. Nos resistimos a estas verdades con nuestras emociones y con nuestro comportamiento. En la actualidad, somos testigos de la proliferación exagerada de la cirugía estética en la cultura en la que vivimos; tanto en Inglaterra como en Estados Unidos se realizan millones de intervenciones invasivas al año.[16] A pesar de ello, ninguno de estos onerosos tratamientos nos ayudará a vivir más tiempo; tan solo podrán retrasar o disimular el proceso de envejecimiento. Puede que muramos sin arrugas, con un rostro de falsa juventud, pero ¿realmente seremos más felices? Cuanto más intentamos negar la realidad, más sufrimiento experimentamos. A pesar de todo, seguimos luchando, enfureciéndonos con las ofensas de la vida, intentando escapar de ellas o fingir que no están ocurriendo. Somos como animales enjaulados.

Afortunadamente, hay buenas noticias: la tercera noble verdad afirma que hay una salida a nuestros apuros, que se presenta en forma de cuarta verdad, conocida como el camino de los ocho pasos. Este camino es un programa de entrenamiento diseñado para ayudarnos a ir al paso de la realidad y a movernos con el flujo de la vida, en lugar de ir en contra de este. Radica en una forma diferente de ver, en una forma diferente de ser. Para utilizar la comparación de Buda, puede que no tengamos la opción de que no nos alcance la primera flecha, pero podemos aprender a responder sabiamente a la angustia y a sus causas; podemos aprender a no lanzarnos la segunda flecha. Seremos capaces de transformar nuestra experiencia si descubrimos cómo relacionarnos con ella de forma diferente.

El camino, tal como fue establecido hace dos mil quinientos años, consiste en ocho elementos: entendimiento justo, pensamiento justo, palabra justa, acción justa, modo de vida justo, esfuerzo justo, concentración justa y atención (mindfulness) justa. Con los dos primeros llegamos a aceptar la verdad de que todo es transitorio y está cambiando continuamente; en lugar de clamar en contra de lo que aparentemente son realidades incómodas, podemos aprender a apreciarlas, a navegar por las constantes fluctuaciones de la vida e incluso a celebrarlas. Podemos ser capaces de apreciar el cambio de las estaciones y disfrutar de las delicias del otoño y del invierno, en lugar de estar siempre deseando que sea primavera o verano. Podemos empezar a ver que no somos entidades fijas aisladas, sino parte de un flujo dinámico que está interconectado con todo lo que existe. Si tenemos esto presente, el cambio ya no es tanto una amenaza como una oportunidad.

A medida que desarrollemos este punto de vista, también podremos cultivar la palabra justa, la acción justa, el modo de vida justo y el esfuerzo justo, que reconocen estas comprensiones, las incorporan y trabajan con ellas de forma hábil. Seremos capaces de desarrollar una actitud de compasión hacia los demás; nos daremos cuenta de que si estamos interconectados el bienestar de los demás está inextricablemente ligado al nuestro, y de que al ayudar a los demás nos podemos ayudar a nosotros mismos.

El Mindfulness justo

No obstante, hay un pequeño problema. Si nuestras mentes continúan distraídas y aceleradas, lo más probable es que descubramos que con frecuencia pensamos, hablamos y actuamos precipitadamente, quizás antes incluso de que nos demos cuenta de qué es lo que estamos haciendo realmente. Si no somos capaces de cultivar la concentración y el mindfulness justos,[17] ¿cómo vamos a practicar cualquiera de las otras partes del camino? Si no tenemos una sensación de calma en la mente, nos veremos empujados continuamente a una actividad impulsiva e inconsciente, dando vueltas con impotencia a los viejos patrones de pensamiento, sentimiento y comportamiento, incluso cuando estemos intentando abandonarlos.

En las descripciones budistas tradicionales, la mente distraída es como un animal salvaje. A veces se la describe como un mono que está parloteando y correteando por todas partes, y en otras ocasiones como un elefante que corre desbocado, abriéndose paso inconscientemente a través de la selva, devastándolo todo a su paso. Si nuestra mente es así, frenética y salvaje, o pesada e inconsciente, lo más probable es que no obedezca nuestras órdenes. Sin embargo, se dice que con la práctica se asentará y podremos desarrollar estabilidad, claridad y fuerza, cualidades mentales que nos podrán ayudar a relacionarnos con la vida de forma más efectiva.

LOS CUATRO FUNDAMENTOS DEL MINDFULNESS

¿Cómo se puede entrenar la mente para desarrollar estas cualidades? Las sugerencias de Buda fueron directas, y las expuso en una enseñanza que se conoce como Los Cuatro Fundamentos del Mindfulness. Estas indicaciones se consideran especialmente importantes. El discurso empieza así: «Este es el camino directo para la purificación de los seres, para superar la tristeza y las lamentaciones, para acabar con el sufrimiento y el dolor, [y] para alcanzar el verdadero sendero».[18]

En Los Cuatro Fundamentos del Mindfulness, Buda describe cuatro áreas o esferas a las que podemos llevar conciencia. Esos cuatro fundamentos están relacionados con el cuerpo, la mente, los sentimientos y el resto de los fenómenos que conforman nuestra experiencia vital. No obstante, antes de explorar en detalle cada una de esas áreas, primero nos invita a prestar *especial* atención a nuestro modo de respirar; esta práctica se considera el terreno sobre el cual podemos cultivar los cuatro fundamentos.

Para practicar el mindfulness de la respiración, se nos sugiere que vayamos a algún lugar tranquilo («el bosque, a los pies de un árbol o a un lugar vacío») y nos sentemos «con las piernas cruzadas, el cuerpo recto y en estado de mindfulness alerta». Permaneciendo «siempre atento», el meditador «inspira [y], con conciencia, espira. Al inspirar profundamente, es consciente de lo siguiente: "estoy inspirando profundamente". Al espirar profundamente, es consciente de lo siguiente: "estoy espirando profundamente"».

Se trata de una sencilla invitación, en apariencia fácil. Llevamos conciencia a la respiración, de modo que cuando respiremos sepamos realmente qué es lo que estamos haciendo, no solo intelectualmente sino con todo nuestro ser; algo así como lo que hicimos al inicio del capítulo. Inspiramos profundamente y, al hacerlo, ponemos toda la atención en lo que ocurre: sentimos la sensación del aire en los orificios nasales, cómo se alza el pecho y cómo se ensancha el abdomen. Sabemos que estamos «respirando profundamente». Después, una vez que hemos inspirado por completo, espiramos con mindfulness (con conciencia), prestando atención al movimiento de la respiración a medida que abandona nuestro cuerpo. Sabemos que estamos espirando profundamente.

La descripción continúa con una explicación de cómo se aplica la misma atención cuando la respiración del alumno es más superficial: «Al inspirar brevemente, es consciente de lo siguiente: "estoy inspirando brevemente". Al espirar brevemente, es consciente de lo siguiente: "estoy espirando brevemente"». Con independencia de que sea larga o no, tan solo nos relacionamos con nuestra respiración tal como es; no necesitamos intentar cambiarla o manipularla de ninguna manera.

A continuación, hay sugerencias para ser conscientes del cuerpo. Esto incluye recordatorios de la postura física – el alumno «cuando está de pie es consciente de lo siguiente: "estoy de pie". Cuando está tumbado, es consciente de lo siguiente: "estoy tumbado"»– y realizar actividades cotidianas: «Al flexionar y al estirarte, utiliza una comprensión clara; al comer, beber, masticar y saborear, utiliza una comprensión clara; al andar, estar de pie, sentarte, dormir, pasear, hablar y estar en silencio, utiliza una comprensión clara». Mientras trabajamos (en lugar de estar simplemente ocupados) podemos practicar ser conscientes de lo que estamos haciendo, viviendo de forma lúcida y despierta.

Más adelante, el discurso se dirige a los otros tres fundamentos del mindfulness, y hace lo mismo con cada uno de ellos. Esas sugerencias se utilizan para la mente: el alumno «es consciente del estado distraído de conciencia como estado distraído de conciencia […] [y] del estado concentrado de conciencia como estado concentrado», y para los sentimientos: el alumno «cuando experimenta una sensación placentera es consciente de lo siguiente: "estoy experimentando una sensación placentera"; cuando experimenta una sensación dolorosa, es consciente de lo siguiente: "estoy experimentando una sensación dolorosa"». Ten en cuenta que no necesitamos librarnos de las distracciones o intentar crear sensaciones placenteras; simplemente percibimos lo que ocurre, de forma imparcial, sin juzgar.

Lo mismo se aplica a la forma en que nos relacionamos con cualquier aspecto de nuestra vida; se nos anima a observar todo lo que está sucediendo cuando estamos, por ejemplo, trabajando, pasando un buen rato con los amigos o con la familia, yendo de compras o incluso viendo la televisión. Se nos invita a darnos cuenta de cómo experimentamos las cuatro nobles verdades por nosotros mismos; cómo sufrimos y cómo el hecho de apegarnos aumenta el estrés. Y, quizás porque muchos de nosotros tenemos tendencia a quedar atrapados en experiencias difíciles, se nos recuerda que seamos conscientes también cuando la vida es agradable, que apreciemos esos momentos en los que experimentamos energía, dicha, tranquilidad, concentración y ecuanimidad. Y, en el caso de que todavía no hayamos captado el mensaje, se nos invita a percatarnos de nuestro mindfulness, de lo plenamente atentos que estamos.

Las indicaciones son sencillas y claras: si queremos sufrir menos, podemos empezar a prestarle atención a nuestra experiencia en lugar de estar atados a ella o intentar resistirnos a ella. Podemos empezar a observar la vida al mismo tiempo que participamos en ella, para saber realmente qué es lo que estamos haciendo mientras lo hacemos. Al observar de este modo lo que está ocurriendo, podemos empezar a captar mejor cómo operamos en el mundo y a estar más atentos a cuando nuestros pensamientos, emociones y comportamientos crean problemas. Podemos empezar a tener una idea más clara de qué es lo que lleva a una vida realmente satisfactoria. En lugar de correr por la vida mecánicamente y superocupados, podemos entrenarnos para ser más conscientes; podemos despertar. En el caso de que quieras continuar este entrenamiento por ti mismo, hemos incluido algunas indicaciones más acerca de cómo practicar el mindfulness de la respiración al final de este capítulo.

Este acto de prestar atención nos enseña a relajarnos en lo que está ocurriendo y no a reaccionar a ello automáticamente. El mindfulness crea un espacio entre el impulso y la acción, un espacio en el que podemos darnos cuenta de nuestra tendencia a reaccionar sin necesidad de caer en ella. A pesar de que es inevitable que la mente siga vagando, podemos entrenarla para que vuelva a la conciencia más a menudo, al igual que entrenamos a un cachorro para que se quede sentado o quieto. A medida que aumenta la capacidad de la mente para estar concentrada, podemos residir más a menudo en ese vacío y desarrollar una mayor capacidad de elegir conscientemente el modo en que nos comportamos. Al practicar la concentración y el mindfulness justos, disponemos de más libertad para asentarnos en la acción justa, el modo de vida justo, la palabra justa, etc.

En este sentido, entrenar la mente con la meditación es como entrenar el cuerpo con el ejercicio físico. Para sentarse y practicar se requiere un esfuerzo, al igual que para llevar la mente a la respiración y seguir llevándola ahí cuando se distrae. La meditación nos ayuda a desarrollar la capacidad de atención, de la misma manera que el ejercicio puede ayudarnos a desarrollar musculatura; con la práctica, la mente se puede hacer más fuerte y más ágil.

Sin embargo, la meditación también difiere de otras formas de entrenamiento en que, a pesar de que requiere esfuerzo, no debemos esforzarnos para que ocurra algo, sino que nuestra tarea consiste simplemente en prestar atención a cómo son las cosas en este momento. Esto puede parecer una paradoja: ¿cómo podemos al mismo tiempo hacer un esfuerzo y dejar que todo sea como es? Esto suena bastante diferente de lo que normalmente entendemos como un programa de entrenamiento en el que hay un objetivo concreto que pensamos que no alcanzaremos a menos que nos esforcemos mucho.

En la meditación, no *intentamos* relajarnos. Las indicaciones de Buda sobre el mindfulness de la respiración pueden aplicarse tanto a «hacer una inspiración corta» como a «hacer una inspiración larga». Si nuestra respiración es agitada o superficial, no tenemos que intentar cambiarla; solo ser conscientes de esa tensión. Puede que la meditación nos ayude a aliviar nuestro estrés, pero probablemente no lo hará si nos esforzamos en ello, del mismo modo que el hecho de esforzarse en quedarse dormido por la noche es una forma infalible de no lograr conciliar el sueño. Podemos crear las condiciones para dormir bien —una cama cómoda, una habitación tranquila, correr las cortinas—, pero no nos podemos obligar a dormir. Solo caeremos en el sueño si este nos concede el honor de acercarse a nosotros. Del mismo modo, en la meditación podemos hacer el esfuerzo de sentarnos y seguir las indicaciones, pero no forzar a que se produzca el resultado que deseamos.

El mensaje que extraemos de esto es que podemos abordar la meditación con suavidad. No es necesario que le demos un empujón a nuestra atención cuando se distrae. Este suave equilibrio entre el esfuerzo y el hecho de dejar que todo pase es una de las razones por las que a veces se denomina al camino de la meditación «la vía del medio». Caminar por este sendero no requiere una disciplina; tan solo se sugiere que no intentemos cambiar nada: somos perfectos tal como somos. Lo curioso es que, a menudo, si somos capaces de abandonar la lucha por cambiar y simplemente prestamos atención parece surgir una especie de profundo e inesperado bienestar que se manifiesta por sí solo, de forma natural.

La experiencia de Tessa

Tessa lleva practicando la meditación con mindfulness más de diecinueve años; la ha ayudado a sobrellevar el estrés y un eczema, y también le ha dado la capacidad de apreciar realmente la vida.

Tessa se empezó a interesar por la meditación en 1992, cuando estaba atravesando un período difícil en el trabajo. Como ella misma recuerda:

—Estaba haciendo prácticas como productora de radio, trabajando en un programa diario en directo. En aquella época todavía estaba aprendiendo los rudimentos del oficio, de modo que estaba bastante nerviosa. Siempre había tenido eczemas, pero en ese momento me encontraba realmente mal: tenía la piel roja, inflamada y me picaba.

Se fue de vacaciones a Córcega, y en el aeropuerto vio un libro de meditación. Pensando que quizás la podría ayudar con el estrés que sentía, lo compró.

—Me senté a la sombra de una higuera y empecé a seguir las indicaciones. Estaba buscando una especie de calma y paz, y me hizo vislumbrarla.

Al volver, se interesó en cómo desarrollar más esas técnicas:

—Un amigo me invitó a un centro local de meditación, un centro budista en el que se solía presentar la meditación como algo que todo el mundo puede hacer.

A pesar de que al principio Tessa solo estaba buscando cómo aliviar el estrés, descubrió algo más:

—Al poco tiempo me apunté a un fin de semana de meditación, y fue entonces cuando realmente sentí el cambio. Descubrí que la práctica tenía algo muy profundo, que describiría como una experiencia de una gran espaciosidad, de que el mundo era realmente vívido. Sentí como si estuviera abandonando los patrones de pensamiento que me tenían atrapada y me di cuenta de que ahí fuera había un mundo mucho más amplio.

Aunque al principio estaba a la defensiva ante cualquier cosa que pareciera demasiado religiosa, Tessa comenzó a interesarse por los orígenes de los ejercicios que le estaban enseñando:

—Empecé a confiar en la tradición budista porque todo lo que me estaban diciendo resonaba con lo que había descubierto por mí misma. Eso me animó a investigar más, y poco a poco me fui interesando cada vez más por el tipo de enfoque que ofrece. Parecía algo que podía transformarme como persona, aunque al mismo tiempo también me proporcionaba una aceptación de quién era y la certeza de que no tenía que luchar demasiado para ser alguien diferente.

Tessa atribuye muchos de los cambios positivos que ha experimentado a lo largo de los años a la práctica de la meditación:

—Soy una persona bastante acelerada, y antes de empezar a meditar me perdía el noventa y nueve por ciento de lo que estaba ocurriendo. Ni siquiera saboreaba la comida. Tengo tendencia a quedarme atrapada en todo tipo de ocupaciones, pero a través de la práctica he aprendido a dejar pasar mis pensamientos y los hábitos a los que soy tan adicta. Ejercito el hecho de observar la mente y ver lo ocupada que está y, una vez que soy consciente de ello, abandonarlo. Gracias a que practico, cuando voy por la calle soy más capaz de darme cuenta de que hay un árbol precioso frente a mí. Puedo despertar al lugar en el que me encuentro en el momento presente y apreciar realmente lo que está ocurriendo. Estoy menos atrapada en los pensamientos del pasado o en las preocupaciones del futuro. Me siento más viva y despierta a mi propia experiencia, y soy capaz de aceptarla, en lugar de querer que las cosas sean distintas. Eso me produce una sensación de alegría.

Tessa también asegura que la meditación le ha permitido responder de forma más atenta cuando se halla bajo presión:

—Reacciono menos; no monto en cólera o arremeto contra la gente tanto como antes. Sin duda, todavía hay momentos en los que muestro mi temperamento, pero tengo más capacidad de sentir los pensamientos y las emociones que pueden estar zumbando a mi alrededor, haciendo que reaccione, y gracias a ello puedo elegir de qué forma abordarlo. Puede que todavía tenga estrés, pero no me quedo tan atrapada en él. Tengo la sensación de que está ocurriendo en un lugar más amplio, de que no me lo creo de forma tan firme y de que estoy simplemente observando. Tiendo menos a aumentar el estrés añadiendo yo misma más tensión.

La meditación también parece tener un impacto tangible en el eczema que sufre:

—La diferencia es realmente palpable; ya casi no lo tengo. Ha pasado de ser un desafío físico realmente difícil a ser bastante leve y estar bajo control.

A lo largo de los años, Tessa se ha dado cuenta de cómo su grado de mindfulness parece estar directamente relacionado con la asiduidad con que practica la meditación. Según dice ella misma:

—Ha habido épocas en las que he practicado de forma asidua y épocas en las que no, y siempre veo la diferencia claramente. Cuando practico durante diez, veinte o treinta minutos por la mañana, esto parece influir considerablemente en la capacidad que tengo durante el resto del día de estar más atenta.

No es necesario que te identifiques como budista para practicar mindfulness o para beneficiarte de él. Sin duda, esta práctica se halla profundamente arraigada en el budismo, pero no pertenece en exclusiva a él; hay enseñanzas diseñadas para cultivar el mindfulness en muchas de las grandes tradiciones de la sabiduría mundial. En última instancia, el mindfulness no es budista, ni cristiano, ni judío, ni musulmán, ni ateo; es una cualidad humana que se puede educar en cualquier persona que elija practicarla. Lo único que precisas es curiosidad y valentía para llevar conciencia a tu mundo interior de pensamientos, emociones y sensaciones corporales, así como a los aspectos externos de tu vida, las situaciones en las que te encuentras y la gente con la que te relacionas. El mindfulness surge del deseo de investigar con interés cada aspecto del hecho de estar vivo, empezando por uno de los más básicos: la respiración.

Mindfulness

¿POR QUÉ PRESTARLE ATENCIÓN A LA RESPIRACIÓN?

La respiración es fundamental para nuestro «ser»
Cuando le prestamos atención a la respiración, estamos implicándonos con la vida en su nivel más esencial; el hecho de tener conciencia de ella nos dirige de forma natural hacia una profunda experiencia del ser. Prestarle atención a la respiración, que es el propio ritmo de la existencia, es una forma sencilla de apreciar la magia de estar vivos.

Siempre tenemos la respiración a nuestra disposición
Si estamos vivos, estamos respirando. Al entrenarnos para ser conscientes de la respiración, nos familiarizamos con una sencilla herramienta que se puede utilizar siempre como un ancla que nos sujete en nuestro camino hacia la conciencia, independientemente de dónde nos encontremos.

No necesitamos controlar la respiración
El hecho de que la respiración se produzca sin que nosotros tengamos que hacer nada nos recuerda que, en el fondo, a veces podemos limitarnos a ser, que no siempre tenemos necesidad de ir en pos de objetivos, forzando nuestra experiencia o analizando constantemente. Podemos dejar que la respiración se respire a sí misma, y podemos asimismo permitir que nuestra experiencia presente sea tal como es. Prestarle atención a la respiración nos recuerda que, en el fondo de nuestro corazón, ya sabemos cómo ser.

BUDA Y LA PSICOLOGÍA

Si lo que aseguró Buda acerca del mindfulness es verdad, era inevitable que otras personas, en diferentes épocas, culturas y contextos, descubrieran, corroboraran y recomendaran sus métodos y puntos de vista. Ya hemos visto cómo ha habido grandes filósofos a lo largo de los siglos que han alabado las virtudes de una vida consciente; y esto ahora ha empezado a ocurrir en otro campo de investigación y estudio: la psicología occidental.

Esta disciplina, al centrarse en métodos experimentales para descubrir la verdad sobre la mente humana, tiene mucho en común con el budismo. Buda invitó a sus seguidores a que examinaran sus enseñanzas como si fueran científicos que desean probar una hipótesis. A través de la meditación, podían constatar qué efectos tenían sus sugerencias cuando las ponían en práctica –podían observar sus propias mentes con interés y desapasionamiento, como un investigador que examina los resultados de un experimento–.

Por su parte, la psicología occidental hace mucho que aprecia el valor del mindfulness en nuestra búsqueda de la felicidad humana. William James, uno de los padres fundadores de la tradición, podría haber estado hablando del mindfulness cuando escribió: «La facultad de reconducir voluntariamente una atención distraída, una y otra vez, es la auténtica raíz del discernimiento, del carácter y de la voluntad. Nadie es su propio dueño si no tiene esta facultad».[19] Desafortunadamente, James no estaba seguro de cómo había que desarrollar esa facultad, y se lamentaba de que «es más fácil definir este ideal que dar indicaciones prácticas para lograrlo».

Sigmund Freud también rondó el mindfulness cuando recomendó que los psicoanalistas mantuvieran una «vigilancia serena, tranquila [y] una atención completamente presente» al atender a sus pacientes. Al igual que Buda, indicó que nuestra realidad actual se ve afectada por patrones de percepción y de comportamiento que se han establecido en el pasado, y que la vía para vivir más hábilmente consiste en llevar esos patrones a la conciencia. Carl Jung, contemporáneo de Freud, lo expresó de forma poética: «Tu visión solo se hará clara cuando mires en tu corazón. Quien mira al exterior, duerme; quien mira en el interior, despierta».[20]

Debido a que la psicología occidental floreció a lo largo del siglo XX, la mayoría de sus grandes practicantes albergaban ideas que ofrecían similitudes con las enseñanzas budistas. En 1950, Albert Ellis señaló que las enfermedades mentales como la depresión surgían no tanto por lo que nos ocurría como por la manera en que interpretábamos mentalmente esos sucesos. Al darse cuenta de que si podíamos cambiar el modo de pensar de una persona seríamos capaces de aliviar parte de su angustia emocional, Ellis desarrolló una nueva forma de tratamiento, denominada «terapia racional emotiva conductual».[21] Con su intención de aliviar el sufrimiento enseñando a la gente a relacionarse de forma diferente con sus experiencias, la esencia de su método —y de la terapia cognitiva conductual, una perspectiva parecida y hoy en día popular— no parece muy diferente de las cuatro nobles verdades. Mucho antes de la llegada de estas terapias, Buda sentenció: «Con nuestros pensamientos creamos el mundo».[22]

Sin embargo, hay un eslabón perdido entre los métodos que enseña el budismo y los de los psicólogos occidentales de la primera mitad del siglo XX. James, Freud y Ellis comprendieron la importancia de prestarle atención a la vida interior, pero se concentraron principalmente en el pensamiento analítico como catalizador de la comprensión y el cambio. Y mientras la tradición cognitiva conductual reconoce las importantes conexiones entre el pensamiento, las emociones y el comportamiento, el hecho de intentar alterarlos puede predisponer a las personas a una forma sutil de autoagresión, al luchar por el cambio en lugar de empezar desde un punto de aceptación.

El eslabón perdido es la meditación, que no requiere pensamiento analítico o positivo. Independientemente de que la experiencia sea agradable o desagradable, positiva o negativa, en la meditación nos limitamos a prestarle atención, con suavidad. Y resulta que este acto es por sí mismo curativo; al parecer, llevar la cálida luz de la conciencia a nuestros patrones habituales comienza a fundirlos del mismo modo que el sol derrite un bloque de hielo. Asimismo, cuando dejamos de darles energía a nuestros viejos patrones y nos limitamos a ser conscientes de ellos, puede que descubramos que empiezan a asentarse por sí solos, igual que el agua embarrada se vuelve transparente cuando dejamos de removerla.

El poder de la práctica de la meditación llamó la atención de la psicología occidental en la segunda mitad del siglo XX. En esa época el mindfulness comenzó a penetrar realmente en nuestra cultura por primera vez. No solo hubo algunos occidentales intrépidos que sintieron el impulso de viajar a Oriente y aprender esos caminos anteriormente ajenos, sino que algunos maestros orientales se trasladaron a Occidente, América y Europa. Estos maestros de meditación encontraron en la contracultura de los años sesenta y setenta un terreno fértil para lo que tenían que ofrecer. Algunos jóvenes educados pero desencantados estaban ansiosos de abrazar nuevas formas de vida tras los sufrimientos del período de guerra y posguerra de las décadas anteriores. Para muchos de ellos, la filosofía y las prácticas orientales parecían más lógicas que sus propios valores heredados.

El hecho de que fuera aprobada por el movimiento *hippie* significó que la meditación fue fácilmente asociada con la excentricidad, las drogas y la espiritualidad exaltada. Sin embargo, la experiencia de la práctica y los beneficios que aportaba permanecieron en muchas de aquellas personas que la exploraron. Con el tiempo, algunos empezaron a preguntarse si lo que habían aprendido podría ayudar a otros, no solo a los buscadores de la iluminación sino también a los hombres y las mujeres normales inmersos en ese sufrimiento cotidiano que no es ajeno a nadie.

Si así fuera, ¿no tendría sentido presentar la meditación de modo que estuviera libre del bagaje de las filosofías de la Nueva Era? ¿No interesaría entonces a individuos que normalmente sienten cierto rechazo hacia esas nociones sobrenaturales del nirvana u otras ideas similares? Si la meditación realmente puede aliviar el sufrimiento, ¿no seguiría siendo válida la enseñanza cuando se presentara y se probara en un contexto diferente, como por ejemplo en el campo de la psicología en lugar del terreno de la religión? Y si esto fuera verdad, ¿no sería verificable esta psicología a través de métodos experimentales sofisticados desarrollados por la ciencia moderna?

Algunos de los estudiantes occidentales de meditación se convirtieron en científicos o en psicólogos y no solo reflexionaron sobre estas cuestiones, sino que se dispusieron a responderlas ellos mismos. Su trabajo, como veremos, ha transformado el modo en que se presenta el mindfulness hoy en día.

Ejercicio: *Mindfulness de la respiración*

Antes de pasar a otro capítulo, nos gustaría invitarte a volver al ejercicio de la respiración consciente, para que te familiarices un poco más con ella. Como puede que te resulte difícil practicarla solo con indicaciones escritas, hemos hecho también unas grabaciones que te guían en este y otros ejercicios de mindfulness. Se pueden comprar o bajar de nuestra página web www.themindfulmanifesto.com. Asimismo, al final de este libro encontrarás una lista con referencias que te indican formas de conectar con otras personas y desarrollar más tu práctica.

PRIMER PASO: LA POSTURA

Para empezar, encuentra un lugar en el que en principio no te vayan a molestar. Resulta útil sentarse sobre algo cómodo y firme, que te ayude a mantener el cuerpo recto. Si te sientas en una silla, es preferible que no cruces las piernas, que apoyes los pies sobre el suelo y que permanezcas con la columna recta (aunque no rígida) y separada del respaldo de la silla, de modo que se sostenga a sí misma. Si no, te puedes sentar en el suelo con las piernas cruzadas y las nalgas sobre cojines; si pones un par de libros grandes bajo los cojines, se convertirán en una base firme y estable. Levanta las manos y apoya una sobre cada muslo, con las palmas hacia abajo. Puedes cerrar los ojos o, si lo prefieres, déjalos abiertos, dirigiendo la mirada aproximadamente un metro y medio frente a ti, hacia el suelo; mantén la mirada relajada sin concentrarte en nada en concreto. Es una postura de seguridad, apertura y dignidad, algo así como si fueras un rey o una reina sentado en el trono.

SEGUNDO PASO: RESPIRAR CONCIENCIA

Deja que la respiración se relaje —no es necesario que intentes respirar profundamente o manipular la respiración de ninguna manera; simplemente deja que tu cuerpo respire por ti—. A continuación, dirige la atención suavemente al movimiento de la inspiración, sintiendo el aire fresco que entra a través de la nariz, cómo se llena el abdomen y cómo se eleva el pecho. Pasa ahora a la espiración y presta atención a lo que sientes a medida que sale el aire de tu cuerpo. Sé consciente del cuerpo que inspira, del cuerpo que espira: inspiración y espiración... Quizás tengas la sensación de que la mente está guiando la respiración, como si cabalgaras sobre un caballo —te sincronizas con ella y la sientes, suave y constantemente—. No hace falta concentrarse mucho; la atención puede ser precisa, pero también ligera. No estás intentando relajarte especialmente; tan solo permanece con la respiración y la experiencia, sea cual sea.

TERCER PASO: TRABAJAR CON LO QUE SURJA

A medida que le prestes atención a la respiración, quizás notes que surgen pensamientos, sentimientos y sensaciones corporales. Es normal; pensar y sentir forman parte del hecho de estar vivo. Sin embargo, cuando medites, observa si puedes dejar que esos pensamientos, sentimientos y sensaciones corporales permanezcan en el campo de tu conciencia, sin apegarte a ellos ni tratar de ahuyentarlos. Simplemente reconócelos y déjalos marchar, mientras le prestas atención a la respiración.

Al cabo de poco tiempo, probablemente notarás que tu atención se ha distraído de la respiración. Puede que la mente haya estado planeando lo que vas a cenar o recordando una conversación que tuviste antes. Cuando te des cuenta de que tu atención se ha distraído, en primer lugar reconócelo –quizás diciéndote en silencio a ti mismo «pensamiento» o «mente distraída» si eso te sirve de ayuda– y después llévala una vez más a la respiración. En la medida de lo posible hazlo sin juzgarte ni criticarte, puesto que distraerse es lo que hace la mente; no es un problema ni un error. Limítate a acompañar con suavidad a la mente de vuelta a la respiración, al movimiento natural de la inspiración y la espiración.

Pronto tu mente se distraerá de nuevo; una vez más, limítate a reconocerlo y vuelve a dirigir la atención a la respiración, tal como es, en este momento. Sigue repitiendo este proceso, prestándole atención a la respiración y, cuando te distraigas, volviendo pacientemente a ella. Continúa haciendo esto durante el tiempo en que hayas decidido meditar.

MINDFULNESS DE LA RESPIRACIÓN: SUGERENCIAS PARA EMPEZAR
Programar la práctica

Hay personas con más capacidad de meditar por la mañana, cuando tienen la mente fresca. Otras prefieren hacerlo por la tarde, cuando son más capaces de relajarse y de abandonar las presiones del día. Experimenta para descubrir qué es lo mejor para ti. Independientemente de lo que decidas, observa si puedes hacer de tu práctica un hábito, algo así como cepillarte los dientes. Recuerda que el mindfulness es como cualquier otra habilidad: cuanto más practicamos mejor lo hacemos, y la única forma de practicar consiste en dedicarle tiempo.

Cronometrar las sesiones

Si pones una alarma al principio de la sesión estableces de forma clara cuánto tiempo vas a meditar. El objetivo es que la mente pueda dejar de pensar en cuánto tiempo queda antes de parar.

Establece un ritmo

La mejor forma de empezar suelen ser sesiones cortas y frecuentes, más que largas e infrecuentes. Es preferible sentarte durante cinco o diez minutos que planear meditar una hora y no conseguirlo nunca porque te resulta demasiado desalentador o porque sientes que no tienes suficiente tiempo. Desarrollar una práctica es como empezar a hacer ejercicio físico: no se te ocurriría intentar correr un maratón sin entrenarte antes con carreras frecuentes y más cortas.

No esperes a que las condiciones sean perfectas

Resulta útil tener un lugar tranquilo para meditar y sentirse dispuesto y motivado antes de empezar, pero si hay distracciones, en la medida de lo posible limítate a ser consciente de ellas y a aceptarlas igual que aceptas tus pensamientos. Aunque no tengas ganas de comenzar, intenta hacerlo.

Abandona los prejuicios

«La meditación es un asunto religioso», «la meditación es cosa de *hippies* o de excéntricos de la Nueva Era», «la meditación es demasiado dura para mí», «estoy demasiado tenso para meditar», «me va a encantar la meditación»... Sean cuales sean las ideas y prejuicios que tengas, intenta abandonarlos y afrontar la práctica con lo que se denomina a veces «la mente de un principiante»: con curiosidad y sin prejuzgar lo que pueda ocurrir.

Permanecer ahí

A nuestras mentes hiperactivas les encanta tener nuevos juguetes con los que entretenerse, incluidos los ejercicios de mindfulness. Si probamos al mismo tiempo varias técnicas diferentes, corremos el riesgo de utilizar la meditación como otra manera de tener la mente ocupada. En lugar de lanzarte a los ejercicios de los últimos capítulos o de abandonar después de una sesión, observa si eres capaz de practicar la respiración consciente todos los días, durante diez minutos, hasta que te sientas familiarizado con ella. No esperes resultados instantáneos; la meditación es una práctica que hay que trabajar siempre. Hay meditadores que solo practican durante toda su vida el mindfulness de la respiración, y les resulta útil.

¿Y SI «NO PUEDO» MEDITAR?

Hay muchas personas que se sientan a meditar, pero les resulta difícil prestarle atención a la respiración. Se distraen por el número o el contenido de los pensamientos que pasan por su mente, o por sentimientos de ira, aburrimiento o miedo, y piensan que no son capaces de meditar, que no lo están haciendo bien o que tienen algo congénito que les impide realizar este ejercicio. Muchos de nosotros albergamos en nuestro interior un negrero; nos esforzamos en las tareas cotidianas y a pesar de ello nos reprendemos si no las realizamos lo «suficientemente bien». Cuando este negrero se topa con la meditación, puede que nos diga que no servimos para practicarla, especialmente si no hemos logrado calma y ecuanimidad total durante los primeros minutos. No te preocupes; se trata de otro de los hábitos de la mente, quizás construido a lo largo de mucho tiempo, y forma parte de aquello con lo que trabajamos en nuestros ejercicios.

En la meditación cultivamos una actitud de autocompasión. De modo que si eres duro contigo mismo cuando meditas, simplemente date cuenta de ello y lleva una conciencia amistosa a ese punto. Ten presente que no hay una experiencia «correcta» que debas tener. La meditación es un proceso de relacionarse con cualquier cosa que surja, aunque resulte difícil; nuestra tarea se limita a ser conscientes de ello y a seguir volviendo a llevar la atención al objeto en el que estamos concentrándonos, en este caso la respiración. El pensamiento «no puedo meditar» no es más que otra opinión que debes abordar con suavidad. Puedes decirte: «¡mira qué interesante! Me estoy fustigando porque creo que soy un mal meditador», y después volver a dirigir la atención a la respiración, quizás agradeciéndote a ti mismo haberte percatado de la opinión que estabas formulando. Aun en el caso de que necesites dirigir la mente a la respiración miles de veces, el ejercicio consiste en hacerlo todo lo suave y pacientemente que puedas. Eso es la meditación.

Si continúas luchando, quizás te resulte útil trabajar con un maestro de meditación (de hecho, puede ser muy útil para todos nosotros a medida que continuamos en el camino de la meditación). En el apartado «Referencias» del final del libro te ofrecemos varias sugerencias para encontrar a alguien con quien trabajar.

La experiencia de Jonty

Me encantaría poder decir que meditaba todos los días. Desafortunadamente, como muchas de las aspiraciones que tengo, me resulta difícil trasladar la teoría a la práctica. Ser consciente de la respiración es muy simple, y sé que puede tener efectos profundos en mi vida. Sin embargo, sigo luchando con eso; como me sucede a menudo, tiendo a buscar resultados rápidos, y cuando no aparecen a corto plazo me desanimo.

Durante mucho tiempo pensé que estaba más ocupado que cualquier otra persona, o que resultaba más difícil trabajar con mi mente que con el resto. Solía observar a los demás cuando estaban sentados meditando, y me imaginaba que tenían la mente clara y serena, mientras que en la mía rugía un temporal.

Afortunadamente, en gran parte de mi aprendizaje se incluían charlas en grupo en las que podíamos compartir nuestras experiencias, y en esas charlas empecé a darme cuenta de que no estaba solo: había otras personas con problemas parecidos, que sufrían achaques y dolores físicos y tenían mentes desbocadas que a veces parecía que no se iban a serenar nunca. Aprender acerca de la meditación y el mindfulness de esa manera estructurada me resultó realmente útil, y el hecho de compartir mi experiencia con los demás me proporcionó seguridad y apoyo.

A medida que pasaba el tiempo empecé a sentir más la respiración y ahora, cuando quiero relajarme, dirijo la mente a ella con bastante naturalidad. En cuanto lo hago, soy consciente de mi cabeza ajetreada, llena de pensamientos dando saltos por todas partes, impulsados por cualquier emoción que los esté conduciendo en ese momento. A los pocos segundos me suelen arrastrar con ellos y tengo que recordarme una vez más que debo volver a la respiración.

Cuanto más intensa es la emoción, más difícil resulta abandonarla, y a menudo vuelvo a los mismos pensamientos una y otra vez: revivo una discusión, encuentro fallos en los argumentos de otra persona y refuerzo los míos, o sueño despierto con escapar de mi situación actual, quizás planeando mis próximas vacaciones. En medio de toda esa vorágine, mi respiración actúa como un ancla. A veces cuando tengo la mente demasiado tempestuosa me da la impresión de que el ancla no va a resistir y recurro a mi forma habitual de sobrellevar la ansiedad, que es mantenerme ocupado con algo. Sin embargo, con la práctica tengo más confianza en la respiración, el cuerpo y la mente, y sé que, en cierto modo, puedo manejar cualquier situación sin agobiarme.

La experiencia de Ed

Mi mente siempre ha tenido tendencia a trabajar deprisa. A veces esto me ha resultado útil; gracias a mi rapidez mental, en el colegio y en la universidad tuve buenas notas y los halagos de los profesores. Como periodista, ser capaz de convertir mis pensamientos en palabras a una gran velocidad resultaba crucial para hacer bien mi trabajo. No obstante, una mente acelerada tiene desventajas: a veces estoy demasiado atrapado en los pensamientos para darme cuenta de lo que está ocurriendo a mi alrededor; en esos casos me pierdo la experiencia de estar en el momento o de vivir realmente la vida. Cuando tengo muchas cosas en la cabeza, empiezo a sentirme abrumado, y en lugar de ralentizar tiendo a acelerar aún más, intentando encontrar una solución intelectual a un problema que a menudo empeora si se piensa demasiado en él.

La meditación con mindfulness —tomándome el tiempo y el espacio necesarios para conectar con la experiencia— es un antídoto sencillo contra mi rapidez mental. No pretendo decir que haya eliminado mi tendencia a ir demasiado deprisa; no lo ha hecho. Sin embargo, la meditación me ha permitido vislumbrar lo que es equilibrar el «hacer» con el «ser», para relajarme en la experiencia y no intentar siempre controlarla. El mindfulness es un espacio que me deja respirar, que me ofrece oportunidades donde antes parecía haber muy pocas.

Sigo sintiendo una fuerte tendencia a enfrentarme a los problemas por medio de intentar liberarme de ellos rápidamente en lugar de estar presente en la situación y experimentar los sentimientos que esta genera. Cuando estoy practicando mindfulness, a veces siento como si estuviera haciendo justo lo contrario de lo que «debería» hacer. No obstante, ya no me sorprende descubrir que cuando en lugar de intentar controlar presto atención me empiezo a sentir mejor.

Las enseñanzas budistas nos dicen que estos patrones se han creado a lo largo de muchas vidas, y que no se cambian fácilmente. Sea verdad o no, me lo tomo como una autorización para hacerlo lo mejor posible pero reconociendo que no soy perfecto. No tengo que solucionarlo todo hoy, esta semana o quizás ni siquiera en esta vida. Probablemente sigo siendo menos consciente que muchas personas que no han meditado nunca, pero me lo tomo como un ejercicio físico: todos empezamos a diferentes niveles de preparación física, y nuestras mentes, al igual que nuestros cuerpos, tienen distintas capacidades. Tal vez no esté siempre plenamente atento, pero sin duda estoy más atento ahora que antes. Esto es suficiente por ahora.

Capítulo 3

Mindfulness del cuerpo

Trata de escuchar la sabiduría de tu cuerpo: el hecho de llegar a una relación consciente con tu forma física puede lograr una profunda curación.

Muchos de nosotros tenemos una relación problemática con nuestro cuerpo. Quizás no nos guste su aspecto: es demasiado alto, demasiado bajo, demasiado gordo, demasiado delgado o demasiado viejo. O quizás no se comporte de la manera en que deseamos: nos produce dolor o no funciona como antes. A veces no le hacemos caso y descuidamos nuestra salud, y después nos sorprendemos cuando nos ponemos enfermos. En otras ocasiones lo adoramos, hacemos de él un templo y nos apegamos religiosamente a cualquier dieta o ejercicio que nos prometa mantenernos en forma.

Todas estas maneras de actuar tienen algo en común: ninguna de ellas se relaciona con el cuerpo tal como es, con aceptación, compasión y cuidado. Tanto si lo rechazamos como si no le hacemos caso o nos obsesionamos con él, no estamos en paz con nuestro hogar físico. Objetivamos nuestra forma, lo que significa que no podemos realmente habitarla. Nos disociamos de ella y quedamos atrapados en una tensa relación con nuestro cuerpo que manejamos sobre todo a través de la mente discursiva; nos regimos por cómo pensamos que somos más que por cómo somos realmente. Cuando nos relacionamos con nosotros de un modo conceptual, la mente y el cuerpo están separados. Nos sentimos divididos, desapegados de nuestro cuerpo.

Debido a esta separación, nos perdemos mucho de lo que nuestro cuerpo tiene que decirnos. Está enviándonos señales constantemente, un flujo continuo de retroalimentación sobre nuestras vidas, que en ocasiones se describe como intuiciones, presentimientos, reacciones instintivas o sensaciones extrañas. Puede que desechemos esas señales como irracionales, pero no tienen nada de extraño; solo se trata de informaciones que nos dicen físicamente cómo nos encontramos. El cuerpo actúa como un termómetro que refleja la temperatura de nuestro mundo interior. Si tenemos una infección, el cuerpo nos lo hace saber con molestias y fiebre; si nos sentimos amenazados, por medio de la transpiración en las palmas de las manos, la boca seca y el estómago encogido; y si nos hemos estado esforzando demasiado, a través del agotamiento, que es una llamada al descanso. Hoy en día sabemos que tenemos redes neuronales por todo el cuerpo que envían señales eléctricas al cerebro; tanto si queremos escucharlo como si no, nuestro cuerpo se está comunicando.

Muchos somos conscientes de las señales corporales solo cuando nos ponemos realmente enfermos, o cuando nos sentimos estresados o agotados; no estamos en armonía con las sensaciones más sutiles que están presentes en todo momento, y que podríamos utilizar para guiarnos en nuestras decisiones. Esto se demostró con un experimento que llevó a cabo el neurólogo Antonio Damasio. Midió la conductividad eléctrica de las palmas de las manos de los participantes durante un juego de naipes en el que se trucaron las cartas, y descubrió que el cuerpo de las personas sentía el engaño mucho antes que la mente. Sus manos registraban signos de nerviosismo (un alto nivel de conductividad) cuando iban a sacar una carta de una baraja trucada, aunque sus mentes conscientes no estuvieran al tanto del engaño.[23]

Cuando estamos atascados en nuestros pensamientos, corriendo de un lado a otro como si fuésemos cerebros con patas, es menos probable que advirtamos las señales de nuestro cuerpo. No lo oímos cuando nos dice que ya es hora de ralentizar, de comer bien o de hacer ejercicio. Así, ¿es de extrañar que las consultas médicas y los hospitales estén abarrotados de pacientes que afirman tener achaques, dolores y un cansancio «inexplicable»?[24] Cuando no escuchamos esas señales, el cuerpo termina protestando de la única forma que puede: llamando la atención con síntomas de enfermedad. Grita en busca de curación.

Cuando nos ponemos enfermos, en lugar de tratar a nuestro cuerpo con ternura y cuidado, a menudo lo objetivamos aún más. Lo llevamos al médico como quien lleva un coche de segunda mano al taller, esperando que lo revisen y lo arreglen para que siga funcionando. Pretendemos que el médico nos haga unas cuantas preguntas, nos mande unos análisis e intente repararnos. Sin embargo, muchos de los síntomas no se ajustan a una categoría clara; no se pueden resolver tomando una pastilla, viendo una radiografía o realizando una operación. La idea generalizada de que los médicos nos pueden curar es normalmente falsa; muchos problemas de salud son crónicos, y tenemos que aprender a vivir con ellos. Cerca de un veinte por ciento de los adultos del Reino Unido sufren un dolor crónico,[25] y a menudo la medicina no pueden hacer mucho por ellos.

La falta de una solución médica puede hacer que todo empeore. Deseamos sentirnos mejor, y nos esforzamos en conseguirlo. Luchamos por obtener una cura y le pedimos al médico que nos haga más pruebas o nos remita a un especialista. Tiene que haber una pastilla, una inyección o un tratamiento que pueda hacer que nuestro cuerpo vuelva a funcionar bien otra vez; al fin y al cabo, si son capaces de clonar ovejas, seguro que pueden hacer que nos libremos de nuestro dolor. Desafortunadamente, esta búsqueda desesperada de respuestas puede conducir a un estrés aún mayor. Nos enfadamos con nuestro cuerpo, lo engatusamos cruelmente para que funcione a pesar de su estado o lo rechazamos, dejando de cuidarlo. Lanzamos la segunda flecha del sufrimiento sobre la primera flecha del dolor.

La práctica médica moderna no siempre ayuda. La educación de los facultativos alimenta un tipo de asistencia mecánico; se desarma la «máquina» humana en todos sus componentes materiales, y el trabajo del médico consiste en intentar descubrir dónde se encuentra el problema y tratar de resolverlo. La medicina ha desarrollado esta forma de trabajar porque está basada en el método científico, que se fundamenta en una observación y una experimentación detalladas para descubrir cómo funcionan las cosas. En muchos sentidos es una buena forma de trabajar: el rigor científico ha logrado avances increíbles en el tratamiento de muchas enfermedades, especialmente a lo largo del último siglo. No obstante, tiene sus inconvenientes, ya que le otorga mucha más importancia a lo que ve que a lo que no ve y se concentra en el detalle material en lugar de tomar distancia y ver el cuadro completo.

Resulta fácil perder de vista el hecho de que no somos solo biología y química. Somos una matriz interconectada; de componentes físicos, sí, pero también de emociones, pensamientos y relaciones, todo lo que conforma nuestra experiencia consciente y que afecta tan profundamente a nuestro bienestar. Llevada al extremo, a veces la asistencia médica no tiene en cuenta en absoluto nuestras mentes; todavía se puede oír a médicos que hablan del «soplo cardíaco de la cama 14» o del «cáncer de hígado de la 22». Los pacientes se convierten en un diagnóstico, en un conjunto inconexo de carne y huesos.

A pesar de la cantidad de tecnología increíble con la que contamos, no tenemos cura para muchos problemas que nos afligen: afecciones de corazón, presión alta, asma o artritis, por poner solo unos cuantos ejemplos. La medicina puede ayudarnos a controlar estas enfermedades, pero en la mayoría de los casos no hay forma de eliminarlas. Incluso con los mejores médicos y la mejor tecnología, nuestros cuerpos se siguen desgastando y aún tenemos que afrontar el envejecimiento, la enfermedad y la muerte. Si la sanidad solo consiste en reparar, está destinada al fracaso. ¿No habrá, por tanto, una forma más hábil de tratar con nuestros cuerpos, aunque ya no estén en buena forma?

UN TIPO DE SANIDAD DIFERENTE

Se ha demostrado una y otra vez en distintos estudios que nuestro estado de ánimo y nuestra forma de pensar influyen en el momento y en el modo en que enfermamos, así como en nuestras perspectivas de recuperación. La gente propensa a sufrir problemas mentales presenta un riesgo mucho más alto de padecer toda una serie de problemas de salud, incluidas las enfermedades cardiovasculares y la diabetes.[26] Incluso el estrés crónico es una causa principal de enfermedad:[27] aumenta la presión sanguínea, haciéndonos más proclives a tener un ataque al corazón o un derrame cerebral; debilita el sistema inmunitario de modo que sufrimos infecciones con mayor facilidad; contribuye a desórdenes dermatológicos como los eczemas o la psoriasis; juega un papel muy importante en enfermedades tales como la úlcera de estómago y la fatiga crónica; y puede producir dolores de cabeza y migrañas, así como perturbación del sueño, situando a nuestro cuerpo bajo una tensión aún mayor.

Para abordar esta cuestión, no podemos limitarnos a pedirle al mecánico que arregle nuestro coche; necesitamos prestar mayor atención al modo en que estamos conduciendo. A finales de los años setenta, el biólogo molecular Jon Kabat-Zinn empezó a enseñar a los pacientes a hacer precisamente eso. En ese momento estaba trabajando en el Departamento de Biología Celular y Anatomía de la Facultad de Medicina de la Universidad de Massachusetts. Sin embargo, su inspiración se dirigía en otra dirección. Kabat-Zinn era uno de aquellos jóvenes que habían tenido una intensa conexión con la meditación, y al echar la mirada a su entorno laboral vio sufrimiento, la primera noble verdad mirándole frente a frente. Como todos los hospitales, aquel también estaba lleno de personas enfermas, y muchas de ellas habían llegado al final de su existencia con la medicina convencional. Cuando les preguntó a sus colegas a qué proporción de pacientes podían ayudar realmente, la cifra que le dieron como respuesta fue desmoralizadora: quizás uno de cada siete, o bien uno de cada diez. El resto, o mejoraba por sí mismo o continuaría enfermo.

A Kabat-Zinn se le ocurrió una idea. ¿Qué ocurriría si organizaba un curso intensivo de las disciplinas meditativas que enseñaban en los monasterios o en los centros de retiro y lo impartía en el hospital a las personas a las que los médicos no tenían mucho que ofrecer? Por supuesto, era consciente de que la meditación no las libraría del dolor, pero ¿podría ayudarlas a relacionarse con sus problemas serios desde una perspectiva diferente? ¿Podrían aprender a disociar la experiencia de la molestia de todas las reacciones a ella, de los argumentos del tipo «esto me está matando», «no lo puedo soportar» o «no entiendo por qué no me pueden curar los médicos»?

La respuesta fue entusiasta; si Kabat-Zinn sentía que podía hacer algo útil por esas personas, los médicos del hospital estarían encantados de enviarle algunos pacientes. Muchos de ellos se encontraban tan desesperados que estaban dispuestos a intentar cualquier cosa que les recomendaran los médicos, por muy extraño que sonara. ¿Meditación para el cáncer, para las enfermedades del corazón, para la diabetes? Claro, ¿por qué no? La medicina ya había agotado todos sus recursos.

Kabat-Zinn denominó a su programa «Reducción del estrés basada en la atención plena o mindfulness» (en inglés, Mindfulness-Based Stress Reduction –MBSR–). Durante ocho o diez sesiones semanales, enseñó una serie de ejercicios a varios grupos de personas: respiración consciente, escaneo corporal a través de la meditación (en el que se va dirigiendo la atención a las diferentes partes del cuerpo) y movimientos suaves de la tradición del hatha yoga. También les enseñó a cultivar la conciencia durante actividades como comer o caminar, es decir, a aplicar en su vida diaria lo que estaban aprendiendo.

El curso no era una alternativa fácil; Kabat-Zinn era consciente de la gravedad de lo que muchos pacientes estaban afrontando y sabía que lo que él denominaba «técnicas de relajación de baratillo» no servirían de mucho. Como parte de los «deberes» a realizar entre sesión y sesión, se pidió a los participantes que meditasen cuarenta y cinco minutos al día mientras durase el curso.

A pesar de que Kabat-Zinn había recibido su propio aprendizaje de mindfulness en un contexto budista, sabía que no tendría mucho sentido enseñar a sus pacientes como si perteneciesen a esa religión. Muchos no estarían interesados en adoptar un camino espiritual o ético y otros ya tenían el suyo; en cualquier caso, este enfoque habría parecido inadecuado en un entorno sanitario. No se intentó ocultar el origen de los ejercicios, pero no había túnicas, templos, cantos ni ningún elemento que se pudiera interpretar fácilmente como religioso. El curso enseñaba la meditación como forma de trabajar con el sufrimiento de la manera más directa posible.

Este enfoque seglar está en consonancia con las enseñanzas budistas que nos alertan del riesgo de quedar atrapados en las trampas de la fe. Cuando Kabat-Zinn le preguntó al maestro zen Morinaga Roshi cómo podía enseñar mindfulness a personas a las que el budismo les podía resultar una barrera, su respuesta fue inequívoca: «¡Desecha a Buda! Desecha el zen».[28] No era necesario apegarse a modos de enseñanza que impidieran a las personas acceder a los beneficios de la meditación. Si los métodos funcionaban, servirían, siempre que se transmitiera su esencia con habilidad.

ESTAR EN EL CUERPO

El hecho de llevar el mindfulness al cuerpo no es exclusivamente oriental; sus principios también son inherentes al lenguaje occidental del bienestar. Los términos ingleses *healing* y *health* ('curación' y 'salud') están estrechamente conectados a la noción de 'totalidad' (*wholeness*); en cierto sentido, la curación significa 'completarse'. Igualmente, la palabra *rehabilitación* significa literalmente 'volver a habitar'; de hecho, cuando nos rehabilitamos de una enfermedad estamos volviendo a habitar en el cuerpo. La práctica del mindfulness nos invita a hacer esto por medio de reconectar con nuestra parte física.

Esta curación surge en realidad del hecho de aceptar y afrontar las dificultades y limitaciones corporales, de experimentarlas aunque no sean agradables, de aprender a percibir nuestro dolor en lugar de dejarnos consumir por él y a estar con él en lugar de bloquearlo. Contrariamente a nuestros impulsos, dejamos de intentar estar libres de molestias y dirigimos la atención al interior, aproximándonos a nuestra experiencia y viéndola, sintiéndola, permaneciendo realmente con ella. Abordamos con conciencia aquello que hemos estado intentado evitar; es como decir: «hola, dolor; sé que estás ahí y te acepto».

Quizás parezca que esto va en contra de lo que nos dice la intuición, pero al parecer ayuda, tal como demuestra un experimento de Delia Cioffi y James Holloway, de la Universidad de Houston.[29] Cioffi y Holloway querían analizar los efectos de tres modos diferentes de relacionarse con el dolor: distraerse de él, reprimirlo y atestiguarlo –este último sería el mindfulness–. En primer lugar hicieron que sesenta y tres personas metieran las manos en agua helada. A continuación, les pidieron a algunas que pensaran en la habitación que tenían en su casa (distracción); a otras, que no intentaran pensar en el dolor que sentían (represión), y al resto que prestaran mucha atención a las sensaciones incómodas (atestiguamiento o mindfulness). Cioffi y Holloway descubrieron que el grupo de los atestiguadores se recuperaba del dolor con más rapidez, mientras que aquellos que intentaban reprimirlo lo hacían más despacio. Estos últimos también parecían volverse más sensibles al dolor; tenían un umbral más bajo a la hora de interpretar una simple vibración como dolorosa cuando después eran expuestos a ella.

Ejercicio: *El experimento del cubito de hielo*

Puedes intentar llevar a cabo este experimento. Toma unos cuantos cubitos de hielo del congelador y ponlos en un vaso o en un cuenco. Busca un lugar en el que te puedas sentar cómodamente y pasar unos momentos practicando la respiración consciente. Cuando estés preparado, toma uno de los cubitos y cierra el puño suavemente, teniendo presente que puedes abrir la mano en cualquier momento y volver a dejar el cubito donde estaba.

A continuación presta atención a las sensaciones que experimentas en la mano. Reposa la conciencia en ellas, del mismo modo que hemos estado reposando la conciencia en la respiración. Nota el efecto del hielo en la palma, siéntelo, sé curioso con él. ¿Va cambiando la sensación, haciéndose más o menos intensa? Interésate en cómo es la experiencia. Percibe también cómo reaccionas de forma automática. Tal vez quieras dejar el experimento porque el hielo está frío. O quizás pienses: «¡no me gusta!», o «¡debo de estar loco para hacer esto!». O puede que se apodere de ti una especie de jactancia: «¡pero si no es más que un trozo de hielo! ¿A eso lo llaman dolor? ¡Vamos, hombre!». ¿Eres capaz de disociar estas reacciones de la experiencia real de agarrar el hielo? En la medida de lo posible, cada vez que tu atención se distraiga de esa sensación, vuelve a llevarla ahí, como harías cuando la mente se distrae de la respiración en el ejercicio de la respiración consciente. Si el hielo se derrite completamente antes de que decidas parar, puedes intentarlo de nuevo con otro cubito de hielo y observar si la experiencia es diferente.[30]

Ejercicio: *Trabajar con alguna molestia*

También puedes intentar practicar este ejercicio con las molestias físicas. La próxima vez que sientas dolor, nota dónde está localizado y después experimenta el hecho de llevar la conciencia a él, aunque tu instinto sea huir de este dolor. Observa si puedes sostener esta experiencia; dirige la atención hacia el dolor, abórdalo, acércate a él. Nota qué tipo de dolor es; quizás es sordo y prolongado, o quizás consiste en un latido insistente y punzante. ¿Puedes investigar qué textura tiene sin quedarte atrapado en lo que significa el dolor, o en si te gusta o no? ¿Es sólido y continuo, o cambia sutilmente, como si se tratase de un flujo y reflujo? Sé consciente también de cualquier aversión al dolor —un pensamiento de no querer prestarle atención, de sentir hostilidad hacia él o de querer que cese–, siempre todo lo amistosa y compasivamente que puedas. Observa si, además del dolor, tienes alguna tensión en el cuerpo —quizás en los hombros, la mandíbula o las piernas–, y si es así, deja que se relaje, en el caso de que la estés manteniendo conscientemente. Pero no luches para librarte de ella; si parece estar como pegada al cuerpo, acéptala con toda la compasión que puedas.

Si lo deseas, experimenta llevando la respiración a la zona del dolor o la tensión. Con cada inspiración, visualiza cómo el aire fluye a esa zona del cuerpo, y con cada espiración, cómo sale de él, como si estuvieras bañando suavemente esa zona con tu atención. Si eso te resulta abrumador, vuelve a conducir la mente a la propia respiración y deja que la molestia exista más bien en los márgenes de tu conciencia, dejándola ser, dedicada a lo suyo, mientras tú descansas la mente en la respiración, utilizándola como un ancla para sostener la experiencia. Puedes intentar asimismo ampliar la atención de modo que se extienda a todo tu cuerpo; acúnalo con tu conciencia, como si estuvieras acunando a un niño –suave y amablemente–, quizás notando las sensaciones del tacto allí donde tu cuerpo entra en contacto con la ropa que llevas. Juega con todas esas maneras de relacionarte con las sensaciones físicas de tu cuerpo, sabiendo que puedes parar, descansar y empezar de nuevo en cualquier momento. Por supuesto, no necesitas sentir ningún dolor para realizar este ejercicio; es muy positivo conectar con el cuerpo de forma consciente en cualquier momento y circunstancia.

Cuando se practica con las sensaciones corporales de este modo, no existe una experiencia correcta o incorrecta. Independientemente de si lo encuentras espantoso, aburrido, frustrante o agradable, el ejercicio consiste tan solo en advertir esas reacciones junto con las propias sensaciones corporales, en estar con ellas y aceptarlas tal como son.

La aceptación no es lo mismo que la resignación: no renunciamos al cuidado del cuerpo, sino que podemos continuar con todos los pasos sensatos que nos recomienden los médicos. Podemos seguir tomando medicinas, operándonos o intentando algún otro tipo de terapia; si el mindfulness puede ayudarnos a reducir el estrés, esto hará que otros tratamientos tengan más posibilidades de funcionar y que contemos con una mayor probabilidad de recuperación. Aunque puede que el mindfulness no nos cure en el sentido convencional, nos invita a cuidarnos, a investigar la posibilidad de la transformación a través de un modo de ser más amable y más atento. Aunque sigamos sintiendo dolor, puede que seamos capaces de soportarlo de una forma menos claustrofóbica y agresiva.

En nuestra cultura se ha perpetuado durante mucho tiempo una separación artificial entre el cuerpo y la mente, y no resulta fácil abandonar los viejos hábitos. Trascender esta división es una tarea especialmente difícil cuando padecemos una enfermedad crónica que nos produce dolor; es precisamente entonces cuando tenemos más tendencia a querer cortar con nuestra experiencia corporal. En estas circunstancias, dirigir la conciencia a lo que es más difícil parece una actitud masoquista; al fin y al cabo, la enfermedad física crónica es muy diferente de tener en la mano un cubo de hielo durante unos minutos. ¿Podemos estar realmente seguros de que vale la pena?

Los primeros alumnos de Jon Kabat-Zinn debieron de sentir que no tenían mucha elección. Habían agotado otras opciones de recuperación y acudieron a él como último recurso. Tenían que confiar en que el hecho de practicar mindfulness les podía ayudar; tenían que estar deseosos de practicarlo, dar el paso y ver qué ocurría. Para muchos de ellos mereció la pena. Algunos pacientes que antes estaban derrotados se sintieron esperanzados y lograron estar más en paz consigo mismos y con su enfermedad. A menudo el progreso fue increíble.

Después de años de sentirse discapacitados por la enfermedad, empezaron a aceptar sus cuerpos y a forjarse nuevas y satisfactorias vidas a medida que exploraban sus limitaciones.

La experiencia de Julie

Julie tiene treinta y cinco años y desde la adolescencia padece una enfermedad inflamatoria intestinal grave llamada enfermedad de Crohn. No tiene curación y cuando le brota sufre muchos dolores. El estrés empeora el problema de Julie. Ella misma nos cuenta su experiencia:
—Con la enfermedad de Crohn te sientes muy mal físicamente. Tenía un trabajo bastante difícil y bebía Coca-Cola light o café para poder aguantar todo el día. Cuando llegaba a casa me derrumbaba. Al final mi salud sufrió un colapso y fui incapaz de seguir trabajando.
Julie se apuntó a un curso de mindfulness en el King's College Hospital de Londres. Asegura que la meditación la ha ayudado a ser consciente del efecto que estaban teniendo sus reacciones y su estilo de vida en su cuerpo.
—Por primera vez vi claramente mis patrones de pensamiento y cómo estos aumentaban la ansiedad y los sentimientos negativos que tenía sobre mi enfermedad. Estaba utilizando el trabajo como una forma de evitar tener que tratar con la ansiedad. Creo que lo que tiene la meditación, combinada con la terapia cognitiva conductual, es que te ayuda suavemente a que cuestiones tu forma de pensar. El mindfulness me ayuda a disociar el pensamiento de la realidad; ahora hago elecciones muy diferentes y más suaves sobre el cuidado de mí misma y

el uso de mi tiempo. Tengo claro que no quiero volver a un entorno tan estresante.

El mindfulness también la ha ayudado a aprender a escuchar su cuerpo:

—Durante mucho tiempo había negado la enfermedad de Crohn. La práctica del mindfulness me ha permitido aceptarla y reconocer que estoy bastante enferma físicamente. El hecho de no hacer caso a lo que mi cuerpo me intentaba decir solo me estaba haciendo más daño.

Si antes su mente y su cuerpo no estaban muy conectados, Julie ahora se siente mucho más en paz consigo misma:

—He pasado de verlo como algo a lo que no quería enfrentarme, como una molestia, a dejar que forme parte de mí. Es una relación en la que acepto mucho más. En lugar de verlo como un obstáculo, como algo por lo que sentirme molesta, puedo ser más compasiva conmigo misma, con mi cuerpo y con mis circunstancias. La meditación ha cambiado mi vida de forma muy positiva; se ha convertido en una parte integral de mi cotidianidad, y ha tenido un impacto positivo en mi salud, con la que ahora trato de relacionarme día a día. Mis niveles de ansiedad siguen reduciéndose.

Estas historias de los pacientes eran alentadoras, pero para que el programa «Reducción del estrés basada en el mindfulness» (MBSR) fuera adoptado de forma más extensa en el mundo médico, Kabat-Zinn necesitaba algo más que simples anécdotas. Tenía que pasar por el escrutinio científico de las pruebas empíricas, del mismo modo que se evalúan otros tratamientos médicos. De hecho, quizás necesitaba pasar por las pruebas empíricas incluso más que otros métodos, porque lo que ofrecía parecía ser muy «alternativo». ¿Podría demostrar la efectividad de la MBSR no solo con los testimonios de los pacientes sino también con pruebas clínicas, el método de evaluación propio de la medicina?

MBSR: LA CIENCIA

Como tiene un formato sencillo, claro y fácil de replicar, la MBSR se presta a ese tipo de investigación. Se puede hacer que muchos pacientes practiquen los mismos ejercicios y, evaluando el modo en que responden, descubrir si el programa es realmente efectivo.

La investigación empezó con un pequeño goteo de estudios llevado a cabo por Kabat-Zinn y sus colegas, pero a medida que se extendieron las noticias del curso otros médicos e investigadores empezaron a ofrecérselo a sus pacientes y a analizar los resultados. Estos fueron similares en todo el mundo. Se leyeron cientos de ponencias con pruebas convincentes de que la MBSR ciertamente reduce el estrés y ayuda a las personas a afrontar los síntomas de la enfermedad y a mejorar su calidad de vida. En una de las primeras pruebas realizadas en un centro urbano (en Meriden, Connecticut), los niveles de ansiedad de los pacientes descendieron un setenta por ciento tras hacer el curso,[31] sus síntomas se redujeron un cuarenta y cuatro por ciento y visitaban a los médicos con mucha menos frecuencia.

Además, los efectos parecen ser duraderos: otro de los primeros experimentos reveló que los participantes no solo mostraban menos ansiedad durante el curso y poco después de finalizarlo, sino que la mayoría seguían sintiendo los beneficios tres años después.[32] El programa MBSR también parece ayudar a la gente a tener una relación más armoniosa con su cuerpo.[33] En uno de los estudios de Kabat-Zinn se pidió a los participantes que valoraran lo problemática que consideraban cada parte de su cuerpo. Al final del curso, las puntuaciones habían descendido cerca de un treinta por ciento, lo que sugiere que la mente y el cuerpo de aquellos pacientes ya no se encontraban en el mismo estado de lucha.

A medida que ha aumentado la cantidad y la calidad de los datos, los investigadores han empezado a recopilar resúmenes y metaanálisis de las pruebas, a fin de tener una visión general del impacto del programa. Han concluido de modo consistente que la MBSR reduce el estrés y aumenta el bienestar emocional a través de un amplio abanico de medidas de bienestar (menos ansiedad, mejor humor, mayor descanso, más vitalidad).[34] También ha demostrado tener un impacto positivo en la capacidad de afrontar una variedad de enfermedades médicas concretas, incluidos el cáncer, la diabetes, la fibromialgia, la artritis, la esclerosis múltiple, la epilepsia, la fatiga crónica, el síndrome del intestino irritable y las afecciones del corazón.

AYUDAR CON EL DOLOR

Y ¿qué hay del dolor? La mayoría de las personas que acudieron a una clínica especializada en la reducción del estrés afirmaron sufrir algún tipo de dolor físico que la medicina convencional no había sido capaz de aliviar. Aunque la MBSR no intenta eliminar el dolor, al aprender una nueva manera de relacionarse con él, experimentándolo sin juzgarlo, y no enfadándose ni intentando librarse de él, ¿son capaces los participantes de interpretar su dolor de una forma diferente y de preocuparse menos por él? Parece que sí. En algunas de las primeras investigaciones del programa, al final del curso los pacientes afirmaron sufrir menos dolor en comparación con el grupo de control, así como sentirse menos limitados por él. Y después de participar en el curso, el sesenta y cinco por ciento de los que no habían respondido a los tratamientos médicos convencionales estaban menos preocupados por el dolor.[35] Un estudio de seguimiento realizado cuatro años después del programa reveló que los beneficios experimentados por los pacientes se habían mantenido a largo plazo.[36]

Algunos estudios más recientes también indican que la práctica de la meditación afecta a la capacidad de soportar el dolor. Investigadores de la Universidad de Carolina del Norte descubrieron que las personas que meditaban durante veinte minutos diarios al cabo de cuatro días presentaban un umbral del dolor más elevado; les aplicaban pequeños *electroshocks*, y aquellos que antes de la meditación eran calificados como de padecer un «dolor elevado» se consideraba después que experimentaban un «dolor bajo».[37] Por supuesto, la intensidad de los *shocks* era la misma, de modo que lo que había cambiado era la relación de los sujetos con las molestias que les producían. Un experimento en la Wake Forest University School of Medicine reveló que otro breve curso de meditación redujo el dolor en un cincuenta y siete por ciento, y los participantes consideraron el mismo dolor como un cuarenta por ciento menos intenso. Este cambio se reflejaba en sus cerebros, que se escanearon por medio de la resonancia magnética; la actividad cerebral se redujo en zonas que se sabe que procesan los estímulos dolorosos.[38]

¿QUÉ ESTÁ OCURRIENDO EN EL CUERPO?

Parece evidente que el mindfulness ayuda a las personas a reducir el estrés y la intensidad del dolor y del sufrimiento. ¿Qué es lo que ocurre realmente en su cuerpo cuando lo sometemos a esa práctica? ¿Puede la meditación transformar no solo el modo en que nos relacionamos con nuestro cuerpo sino también nuestra propia biología?

Algunas de las primeras investigaciones sobre la meditación revelaron efectos en el metabolismo corporal. En los años setenta, los científicos Herbert Benson y Robert Wallace descubrieron que la meditación podía conducir a cambios que promovían la salud, que incluían un descenso de la presión arterial y del pulso.[39] No obstante, los primeros estudios realizados para investigar el impacto de la reducción del estrés en el cuerpo humano basado en el mindfulness los llevaron a cabo Kabat-Zinn y un equipo de dermatólogos. Examinaron a un grupo de pacientes con psoriasis, una enfermedad cutánea común que produce «placas» de piel más dura, roja y escamosa.[40] La psoriasis empeora con el estrés, y al parecer el sistema inmunitario también juega un importante papel en su desarrollo. Normalmente el sistema inmunitario nos protege, pero en los pacientes con psoriasis se desarrollan en la piel células procedentes del mismo sistema inmunitario, que liberan unos agentes químicos que son causantes de la inflamación y de un crecimiento excesivo de las células en la zona afectada.

La mayoría de los tratamientos para la psoriasis intentan reducir la inflamación o calmar el sistema inmunitario ralentizando el crecimiento celular. Esto normalmente se consigue por medio de fuertes cremas que se aplican en las placas, pero si la psoriasis se encuentra muy extendida, a veces se aplica a los pacientes un tratamiento con luz ultravioleta conocido como fototerapia. Dado que habitualmente el estrés empeora la psoriasis, Kabat-Zinn y sus colegas querían descubrir si la práctica del mindfulness podía tener el efecto opuesto y mejorar los efectos de la fototerapia.

Los investigadores dividieron a los pacientes en dos grupos; a uno lo sometieron al tratamiento habitual con luz, y al otro lo guiaron con una serie de técnicas de meditación con mindfulness, que escuchaban en una cinta mientras estaban en la cabina de fototerapia. Hicieron fotos de la psoriasis antes de que empezara el tratamiento y a intervalos regulares durante el tratamiento, hasta que desaparecieron las placas. Los resultados fueron asombrosos: la piel de los pacientes que escuchaban la cinta mientras recibían la fototerapia se sanó cuatro veces más deprisa que la de aquellos que solo recibieron el tratamiento de luz.

Otro estudio del programa MBSR llevado a cabo por oficinistas de Madison (Wisconsin) reveló una evidencia mayor de que el mindfulness puede influir en el sistema inmunitario. Al finalizar el curso, vacunaron de la gripe a los participantes, así como a algunos de sus colegas que no lo habían hecho. Las vacunas estimulan el sistema inmunitario para producir anticuerpos a un virus; los anticuerpos son entonces capaces de reconocer y destruir ese virus si vuelve a introducirse en el cuerpo. Cuanto más fuerte sea el sistema inmunitario de la persona, mayor será la respuesta de los anticuerpos a la vacuna. Algunos estudios previos habían demostrado que el simple hecho de encontrarse en una situación de estrés podía reducir la respuesta de los anticuerpos, y los investigadores deseaban comprobar si el hecho de participar en el programa de meditación podía incrementar dicha respuesta. Unas semanas después de la vacunación, el nivel de anticuerpos de la gripe en la sangre de los trabajadores que habían estado practicando la meditación mostró, como se había predicho, un mayor nivel de respuesta de los anticuerpos que en el caso de aquellos que no habían realizado el curso.[41]

Si el mindfulness puede ayudar a nuestros sistemas inmunitarios a gestionar enfermedades como la psoriasis y la gripe, ¿nos podrá ayudar también a gestionar otras más graves, como el cáncer o el sida? Linda Witek-Janusek y sus colegas de Chicago ofrecieron un curso de MBSR a treinta y ocho mujeres después de que hubieran sido operadas de cáncer de mama, y posteriormente compararon su recuperación con la de otras treinta mujeres.[42] Witek-Janusek descubrió que las que habían seguido el programa presentaban niveles menores de cortisol, la hormona del estrés, y que sus sistemas inmunitarios se recuperaban más rápidamente tras el tratamiento; además, mostraban un mayor nivel de lo que se denomina «actividad de las células asesinas naturales». Las células asesinas naturales pueden reconocer y destruir las cancerosas; cuanto más activas estén, mayor posibilidad habrá de curar el cáncer y prevenir que vuelva a aparecer. Muchos otros estudios relativos al trabajo con la MBSR con pacientes de cáncer también han revelado niveles menores de cortisol y una mejor función inmunitaria.[43]

En la Universidad de California, David Creswell examinó los efectos de la MBSR en el sistema inmunitario de cuarenta y ocho personas con VIH.[44] Midieron en los pacientes los niveles de células CD4 T, las cuales ayudan a coordinar el sistema inmunitario cuando se ve obligado a responder a una amenaza. Estas son las células que el virus del sida destruye, con lo que el sistema inmunitario queda dañado y los pacientes se muestran más vulnerables frente a infecciones y cánceres contra los que, de otro modo, habrían podido luchar fácilmente. Creswell descubrió que el nivel de células CD4 T en los participantes que habían seguido el programa de mindfulness permaneció constante en relación con el grupo de control, cuyo número de células CD4 T disminuyó. También descubrió que aquellos participantes que practicaron más mindfulness fueron los que mostraron mayores beneficios en su sistema inmunitario.

Otro estudio de la MBSR aplicada a pacientes con sida reveló asimismo efectos beneficiosos en el sistema inmunitario, incluida una creciente actividad de las células asesinas naturales y una creciente producción de quimiocinas b –moléculas que impiden que el virus infecte las células sanas–.[45]

La práctica del mindfulness también parece afectar a la velocidad a la que envejecen nuestras células, un factor clave en la duración de nuestra vida. Todas las células corporales contienen cromosomas, formados por hebras de ADN codificadas con toda la información que la célula necesita reproducir. En los extremos de los cromosomas están los telómeros, que los protegen de cualquier daño. Con cada réplica de una célula, estos telómeros se van acortando y, al final, cuando alcanzan determinado tamaño, la célula deja de replicarse. Se cree que este es el proceso biológico por el que envejecemos, y existen pruebas de que probablemente el estrés lo acelere.[46] El cortisol –la hormona del estrés– afecta el equilibrio químico de nuestras células, causando lo que se conoce como estrés oxidativo, y se cree que este daña la telomerasa, que es la enzima de las células que mantiene la longitud de los telómeros. Si la telomerasa no funciona, no hay nada que pueda evitar el acortamiento de los telómeros, y envejeceremos más rápidamente. Dado que la meditación parece reducir el estrés, un equipo de científicos dirigidos por Tonya Jacobs, investigadora de la Universidad de California en Davis, decidió investigar si la meditación produce también algún efecto en la telomerasa.

Para averiguarlo, Jacobs y su equipo midieron la actividad de la telomerasa en participantes que habían realizado un retiro de mindfulness de tres meses, y después la compararon con la actividad de la telomerasa de un grupo de control. Se reveló que, además de mostrar una mayor sensación de control sobre sus propias vidas y de tener más claro su propósito en la vida, y de reducirse las neurosis, la actividad de la telomerasa en los glóbulos blancos del grupo que había practicado mindfulness era un tercio superior a la del grupo de control. Los participantes que presentaron los niveles más altos de telomerasa fueron también aquellos que mostraron una mejora de su bienestar psicológico. ¿Puede ser que el hecho de practicar mindfulness conduzca a un incremento de la actividad de la telomerasa, que a su vez favorezca la ralentización del envejecimiento celular, lo cual ayude potencialmente a vivir más? Se trata de una hipótesis que requiere una mayor investigación, pero los indicios son muy interesantes.[47]

En todos los casos señalados parece que el cuerpo responde favorablemente a la reducción del estrés. Del mismo modo que los síntomas de una enfermedad pueden incrementarse con el estrés, la disminución del estrés que se produce con la práctica del mindfulness nos ayuda a protegernos de las enfermedades y le ofrece a nuestro cuerpo una mayor oportunidad de curarse; experimentamos los beneficios no solo como una actitud mental, sino en los propios tejidos y fibras de nuestra constitución física.

EL ESTRÉS Y EL SISTEMA NERVIOSO AUTÓNOMO

La historia evolutiva nos ha predispuesto a reaccionar cuando nuestra seguridad se ve amenazada. Gracias al sistema nervioso –que mantiene el corazón latiendo, los intestinos en movimiento y los pulmones respirando–, reaccionamos instintivamente cuando sentimos peligro, disponiéndonos de forma natural a luchar o escapar. El sistema nervioso autónomo libera adrenalina y desvía recursos a partes del cuerpo que puede que los necesiten; la velocidad de los latidos aumenta y la sangre circula desde el estómago hasta los músculos. Se libera cortisol, y eso incrementa los niveles de azúcar en la sangre y la presión sanguínea, lo que nos proporciona un breve empuje de energía que nos impulsa a enfrentarnos con rapidez a la crisis. Cuando el peligro parece haber pasado, el cuerpo se puede relajar de nuevo: la presión sanguínea se reduce, la velocidad de nuestro corazón disminuye y la sangre vuelve otra vez al estómago, haciendo que nos resulte más fácil digerir la comida.

Este instinto de lucha o huida ayudó a los primeros humanos a sobrevivir, pues, como la mayoría de los animales, nuestros ancestros tenían que reaccionar instantáneamente ante los movimientos de los depredadores que les acechaban. Pero en un lapso de tiempo relativamente breve –solo unos cuantos miles de años–, nuestro estilo de vida cambió.

Ahora vivimos en el siglo XXI, con oficinas, coches y plazos de entrega que cumplir, en lugar de vivir en cuevas, con lanzas y bajo la amenaza de los depredadores. Todavía nos enfrentamos a amenazas físicas —el peligro de cruzar una calle con mucho tráfico, por ejemplo—, pero la mayor parte del tiempo la mayoría de nosotros somos víctimas de unos factores estresantes que, si bien no son muy intensos, sin embargo son crónicos: las demandas constantes que nos impone este mundo en el que hay que pagar los recibos, asistir a reuniones o contestar correos electrónicos. El hecho de responder a estas presiones no requiere realmente la liberación de la misma adrenalina que era necesaria para escapar de un tigre con dientes de sable. Sin embargo, dado que estamos condicionados por millones de años de evolución, todavía reaccionamos a estas presiones como si nos encontrásemos en un grave peligro físico; nuestro sistema nervioso autónomo nos mantiene en alerta roja.

Así es como el estrés contribuye al malestar físico. Cuando nos libramos de aquello que amenaza nuestro bienestar —ya sea una enfermedad crónica o la presión de vivir una vida sobrecargada—, nuestro cuerpo no recupera sin embargo el equilibrio. El sistema nervioso autónomo se queda atascado en un estado acelerado, y nos sentimos tensos todo el tiempo. La reacción de luchar o huir, cuyo sentido era darnos un pequeño impulso en una situación de crisis, pone a nuestro organismo bajo una coacción constante. Permanecemos con el pulso acelerado y la presión alta, y esto aumenta el riesgo de que suframos un derrame cerebral o un infarto. El sistema inmunitario está menos activo, lo cual nos hace más propensos a las infecciones y quizás incluso al cáncer. Al predisponernos a la enfermedad y agregar una mayor tensión al cuerpo, un estrés prolongado puede acelerar el envejecimiento y acortar nuestra vida.[48]

Sea lo que sea lo que nos esté provocando tensión, si seguimos sintiéndonos estresados lo más probable es que el problema empeore. Sin embargo, las investigaciones científicas en relación con el programa MBSR parecen demostrar que podemos empezar a regular el sistema nervioso autónomo conscientemente, teniendo en cuenta cómo responde nuestro cuerpo a las amenazas. A través de la meditación podemos tener menos miedo y liberarnos de las garras del instinto de lucha o huida como única respuesta posible a las dificultades de la vida, así como darnos cuenta de nuestra tendencia a reaccionar automáticamente, resistirnos a los impulsos habituales e incrementar nuestra habilidad para elegir qué hacer. A cambio, nuestro cuerpo se calmará y abandonará ese estado de alerta elevada, lo cual conducirá a niveles bajos de cortisol, fuertes niveles de telomerasa y un sistema inmunitario más fuerte.

UN DIÁLOGO FRUCTÍFERO

El enfoque que hace la MBSR de las enfermedades crónicas es al mismo tiempo antiguo y revolucionario. Presenta la sabiduría de la meditación de una forma que conecta con personas que quizás de otra manera no estarían interesadas y de un modo que se puede probar científicamente. Al examinar el programa con el microscopio, la medicina y la meditación han comenzado un diálogo fructífero. Tal vez los datos científicos no reflejen el conocimiento profundo que surge de esos momentos de clarividencia en que los nuevos practicantes se dan cuenta de que pueden establecer una relación amistosa con su cuerpo, aunque sigan sufriendo dolores, pero pueden ofrecer y de hecho ofrecen una prueba importante de lo que describen.

Treinta años después de que Jon Kabat-Zinn comenzara con sus ejercicios de mindfulness para pacientes de hospitales, más de diecinueve mil personas han realizado el curso de reducción del estrés en el que ha llegado a ser el Centro para la Aplicación del Mindfulness en la Medicina, el Cuidado de la Salud y la Sociedad, ubicado en la Facultad de Medicina de la Universidad de Massachusetts. Y ahora hay cientos, o quizás miles, de programas parecidos funcionando en hospitales de todo el mundo.

UN CAMBIO DE PARADIGMA

El aprendizaje del mindfulness representa la posibilidad de un cambio de paradigma en el modo en que abordamos nuestra salud. Cuando tratamos nuestro cuerpo como si fuera un coche que hubiera que llevar al taller para revisarlo y repararlo, nos estamos quitando poder a nosotros mismos; estamos dando las llaves de nuestro bienestar a los «expertos». Por supuesto, es razonable utilizar las maravillosas tecnologías de la medicina moderna para que nos ayuden cuando pueden; a menudo ofrecen una curación con la que hace unas décadas solo podíamos soñar. Sin embargo, al aprender también prácticas que nos permitan curarnos desde el interior podemos empezar a ser más hábiles a la hora de cuidar de nuestro propio cuerpo.

A menudo, cuando las personas acuden a una práctica de mindfulness se dan cuenta realmente de la importancia de este planteamiento integrado de la sanidad. Quizás en parte esta sea la causa de que el programa MBSR se haya convertido en un enfoque tan popular: cerca de un ochenta y cinco por ciento de los participantes lo completan, y unas tres cuartas partes siguen practicando algún tipo de meditación incluso cuatro años después.[49]

No es necesario esperar a que el cuerpo proteste para empezar a escuchar lo que nos está diciendo; todo el mundo se puede beneficiar del hecho de practicar mindfulness. Al dirigir la atención al cuerpo, sincronizándolo con la mente, podemos sintonizar con más facilidad con sus mensajes, basándonos no en lo que nos dicen que es bueno para nosotros, sino escuchando la sabiduría que ya está en nuestro interior y que se revela a sí misma a través de la meditación.

Ejercicio: *Mindfulness del cuerpo*

En este ejercicio, que a veces se conoce como «escaneo corporal», tomamos conciencia de cada parte del cuerpo, una a una. Conviene practicarlo con un instructor o con una guía de audio; no obstante, si lo practicas sin ningún tipo de orientación, te sugerimos que le dediques entre veinte y cuarenta y cinco minutos.

PRIMER PASO

Busca un lugar en el que te puedas tumbar cómodamente sobre una manta, una alfombra mullida o una cama. Tápate con una manta si eso te ayuda a no tener frío. Cierra los ojos y deja que tu cuerpo descanse en la base que lo está apoyando; siente ese apoyo, quizás dándote cuenta de los puntos del cuerpo que están en contacto con el suelo, la cama o la alfombra.

SEGUNDO PASO

Practica el mindfulness de la respiración durante un rato, llevando la atención al movimiento de la respiración en el bajo abdomen.

TERCER PASO

Dirige la atención a la pierna izquierda, al pie izquierdo y al dedo gordo de ese pie. Nota cualquier sensación que tengas ahí, ya sea calor, frescor, cosquilleo, el latido del pulso o el contacto con la manta o con el aire. Eso no significa que pienses en el dedo gordo, sino más bien que lo experimentes directamente. Descansa la atención en él registrando lo que está ocurriendo en esa parte del cuerpo.

CUARTO PASO

Cuando la mente se distraiga del dedo, quizás por un pensamiento o arrastrada por lo que esté sucediendo en otra parte del cuerpo, reconoce adónde se ha ido y dirígela de nuevo suavemente al dedo. Ten presente que la distracción de la mente no es un fallo ni un problema; distraerse es lo que hace habitualmente. Observa si eres capaz de cultivar una actitud de amistad y compasión hacia ti mismo cuando practicas.

QUINTO PASO

A continuación dirige la atención al resto de los dedos del pie izquierdo, descansando la mente en cada uno de ellos durante unos momentos y volviendo a dirigir la atención a ellos cuando la mente se distraiga. Después extiende tu conciencia a todo el pie izquierdo, investigando cada zona con una sensación de curiosidad e interés. Si te das cuenta de que estás juzgando la experiencia (por ejemplo pensando que te gusta o que te molesta), reconoce estas opiniones, sin atacarlas o intentar eliminarlas, y vuelve a la conciencia del pie.

SEXTO PASO

Sigue escaneando el resto del cuerpo del mismo modo, dirigiendo la atención a cada una de sus partes, una a una. Lleva la conciencia a la pierna izquierda, al tobillo, la espinilla, la pantorrilla, la rodilla, los muslos y los tendones. Una vez que hayas escaneado las piernas, dirige la conciencia a la región pélvica, el abdomen, la zona del pecho, las manos y los brazos, la espalda, los hombros, el cuello, la cara y la cabeza. Investiga cada parte del cuerpo con una sensación de amistad y calidez, quizás preguntándote suavemente «¿qué hay ahí ahora?». No es necesario que analices la experiencia; simplemente permite que se produzca. En la medida de lo posible, siente las sensaciones que se producen en el interior y el exterior del cuerpo. ¿Puedes prestar atención a los músculos, los órganos, los huesos y la piel? ¿Cambian las sensaciones con el tiempo, o a medida que vas moviendo tu atención de un punto a otro?

Cada vez que la mente se distraiga, llévala de nuevo a la parte del cuerpo en la que te estés concentrando. Si lo deseas, puedes felicitarte a ti mismo por darte cuenta de que la mente se ha distraído, porque ese es el momento de devolverla a la conciencia.

Cuando hayas escaneado todas las partes, expande progresivamente la atención hasta que descanse en todo el cuerpo, tanto en el exterior como en el interior del mismo. Permanece durante un tiempo en esta conciencia de todo el cuerpo, y cuando estés preparado para abandonar la práctica abre los ojos. Mira a tu alrededor, ponte de costado y, cuando te sientas preparado, levántate poco a poco.

MINDFULNESS DEL CUERPO: SUGERENCIAS PARA LA PRÁCTICA
Despertarse

Aunque el escaneo corporal normalmente se realiza en posición tumbada, estamos cultivando el estado de alerta más que el adormilamiento. Si tienes tendencia a quedarte dormido, intenta hacer la práctica con los ojos abiertos. Si estás en la cama, quizás es mejor que vayas a otro lugar menos asociado con el sueño. Este ejercicio también se puede practicar sentado o incluso de pie. No te enfades contigo mismo por quedarte dormido; quizás es lo que tu cuerpo te está diciendo que necesitas. Si es así, vuelve al ejercicio cuando hayas descansado lo suficiente.

No «intentes» relajarte

Con frecuencia la gente cree que el escaneo corporal es un ejercicio de relajación, pero esta idea puede crear tensión, especialmente si no te sientes relajado al llevarlo a cabo. En realidad, se trata de un ejercicio de conciencia –lo único que tienes que hacer es ser consciente de las sensaciones que experimentas en el cuerpo a medida que surjan–. Si estás relajado, siéntelo; si estás tenso, siéntelo. A veces la mejor forma de relajarse es dejar que las cosas sean como son.

Cultivar la acpetación

Deja de juzgar la experiencia que tengas con este ejercicio como buena o mala. Si sientes dolor o molestia en alguna parte del cuerpo, intenta acercarte a eso y experimentar cada momento de la molestia plenamente. ¿Cómo es el dolor? ¿Es punzante, agudo o sordo? ¿Cambia con el tiempo? ¿Sientes algún deseo de librarte o de escapar de él? ¿Tienes algún argumento mental en relación con el dolor, tal como «lo odio» o «no va a terminar nunca»? Si es así, date cuenta sin participar en él: ¿puedes dejar que se convierta en un zumbido de fondo mientras diriges la atención principal al cuerpo?

Si notas alguna molestia, observa si la puedes tratar con amabilidad o hacer amistad con ella. Puedes decirte con cordialidad: «no pasa nada; tengo esta experiencia y voy a sentirla». Cuando tratas la molestia de ese modo, ¿qué ocurre? El hecho de sentir alguna incomodidad durante el ejercicio no quiere decir que sea una «mala» meditación; cada vez que practicas con conciencia, el ejercicio es un éxito.

Limítate a hacerlo

A la mente se le pueden ocurrir todo tipo de razones para no practicar o para pensar que la meditación no está «funcionando». No obstante, la meditación solo crea conciencia de lo que está sucediendo. De modo que si te vienen pensamientos que dicen que no lo estás haciendo bien, que estás demasiado tenso o distraído o que no eres capaz de sentir nada, eso es precisamente aquello de lo que has sido consciente. ¿Puedes lograr que esos pensamientos descansen en el campo más amplio de la conciencia y llevar de nuevo la atención suavemente al cuerpo cada vez que te veas atrapado en ellos?

Mindfulness continuo del cuerpo

Una vez que hayas terminado este ejercicio práctico, observa si eres capaz de mantener una sensación de mindfulness corporal durante todo el día. Comprueba tu cuerpo a intervalos regulares; quizás te ayude poner una alarma en el teléfono o en el ordenador que te recuerde sentir de vez en cuando lo que tu cuerpo te está transmitiendo. Sé consciente de la tendencia que tienes a tensar ciertas zonas: los hombros, la mandíbula, los muslos... Deja que la tensión se relaje si quiere, pero si no lo hace no luches contra ella; limítate a darte cuenta de su presencia.

La experiencia de Jonty

El mindfulness del cuerpo no consiste solo en tratar una enfermedad o síntomas físicos. Tener cada vez más conciencia del cuerpo y de la respiración nos ayuda a anclarnos en el momento presente. He descubierto que se trata de una práctica especialmente positiva mientras se hace ejercicio. Siempre he intentado estar físicamente activo, pero el hecho de vivir en Londres y de no tener un «cuerpo de corredor» hace que tienda a confiar en ir al gimnasio para mantenerme en forma. Normalmente suelo estar un tiempo en la cinta ergométrica, intentando distraerme de todas las sensaciones desagradables que siento escuchando música o mirando a la pantalla de televisión que tengo encima. Después estiro, empujo, levanto y aprieto los músculos con la ayuda de distintos aparatos mientras sueño despierto con el cuerpo que quiero tener. Es un proceso bastante mecánico. El simple acto de aumentar el pulso sigue siendo beneficioso para el corazón, pero esta manera de realizar el ejercicio no implica realmente al cuerpo ni a la mente; si hace algo, es desconectarme aún más del cuerpo. Lo trato como una máquina que hay que revisar, y a largo plazo tengo más riesgo de sufrir lesiones y daños que opciones de conseguir una mejor salud y estar en buena forma.

Últimamente, con la ayuda de Julien Díaz, un experto en movimiento, he descubierto que, debido a que no le he prestado atención al cuerpo durante mucho tiempo, he estado utilizando muchos músculos «equivocados». El hecho de haber remado durante muchos años en el colegio significa que he ejercitado muchas partes de un modo desproporcionado; ¡incluso al hacer abdominales trabajaba los hombros y las piernas en lugar de hacerlo con el estómago! Como ahora tengo más conciencia del cuerpo, intento identificar los músculos que utilizo y llevar el esfuerzo a esas partes, relajando poco a poco los hombros y las caderas y utilizando el cuerpo de forma más eficiente. Ahora también soy capaz de distinguir el «dolor bueno» de los músculos al estirarse o al trabajar del «dolor malo» provocado al tensar los músculos equivocados, que conlleva el riesgo de sufrir algún daño.

Julien me ha ayudado a cambiar lo que hago, a evitar los movimientos repetitivos e implicar a la mente y al cuerpo en el proceso. Y, por supuesto, la ventaja de hacer los ejercicios con mindfulness es que ello me ayuda a estar en el momento presente, con lo cual no solo disminuye el riesgo de que me lesione, sino que también descanso la mente de las preocupaciones laborales o familiares. De este modo el ejercicio se convierte en algo que hago para cuidarme a mí mismo, más que en un castigo por haberme tomado una galleta de chocolate de más. Ahora, aunque quizás no tenga los músculos que siempre había querido tener, me siento más sano y feliz.

La experiencia de Ed

Como Jonty, he sido lo suficientemente afortunado como para conectar con mi cuerpo a través del deporte y el ejercicio. Siempre me ha gustado jugar al fútbol, al tenis o a *squash*, correr y nadar.

Creo que, en parte, el hecho de que disfrute tanto del ejercicio físico se debe a que cuando estaba creciendo era el único momento en que permitía que mi cuerpo y mi mente se sincronizaran; y, como diría cualquier deportista, resulta difícil jugar bien si tienes la mente en otra parte. Los mejores jugadores están totalmente concentrados, fluyendo con la experiencia directa de la mente, el cuerpo y el juego.

Sin embargo, solo cuando comencé a meditar empecé a prestarle atención consciente al cuerpo. Al principio, me sentía incómodo; descubrí una tensión en los hombros y en la mandíbula que quizás siempre había estado ahí, pero de la que nunca había sido consciente. Me resultaba difícil sentarme y aceptar que no tenía el cuerpo todo lo relajado que creía. Pero también adquirí claridad acerca de muchos de los síntomas de estrés que había experimentado a lo largo de los años; por ejemplo, me di cuenta de que la tensión física me provocaba las frecuentes migrañas que padecía, o de que las depresiones que sufría eran mucho más que un fenómeno mental –todo mi cuerpo protestaba cuando me sentía desbordado–. Al ser más consciente de mi cuerpo, tuve un mayor acceso al sistema de alerta interno que me avisa de cuándo necesito relajarme o descansar. No siempre lo escucho –tengo una compulsión imperiosa a embutir cuarenta horas de actividad en un día de veinticuatro–, pero ahora soy más consciente de que dispongo de una alternativa: antes de practicar la meditación, muy pocas veces escuchaba lo que mi cuerpo me estaba diciendo; sin embargo, ahora mi cuerpo ya no es una máquina que repite las cosas hasta la saciedad.

Capítulo 4

MINDFULNESS
DE LA MENTE

Los pensamientos no son hechos reales y nosotros no somos nuestros pensamientos. Una vez que sepamos esto, podremos disfrutar de una mente y una vida más flexibles.

La angustia mental constituye una causa muy importante de sufrimiento humano. La Organización Mundial de la Salud (OMS) calcula que hay cuatrocientos cincuenta millones de personas en todo el planeta que sufren una enfermedad psiquiátrica diagnosticable,[50] mientras que los estudios sugieren que cerca de la mitad de la población en algún momento de su vida reúne los criterios correspondientes a un problema de salud mental.[51] La OMS, al predecir que la depresión será la enfermedad más común en el mundo hacia 2030, está indicando que su peso global será mayor que el de otras afecciones, como la diabetes, las enfermedades del corazón y el cáncer.[52] Las enfermedades mentales le van a costar a la economía británica cerca de cien billones de libras al año.[53]

UNA INFELICIDAD EPIDÉMICA

Este tipo de estadísticas no son más que la punta del iceberg. ¿Cuántos de nosotros puede que no reunamos las condiciones exactas para que nos diagnostiquen depresión clínica pero aun así no nos calificaríamos de felices? Hay muy pocas personas que estén totalmente satisfechas; la mayoría nos sentimos insatisfechos, inseguros o preocupados por una sensación de incompetencia, o tenemos tendencia a entrar en un estado de tensión, a discutir y a criticar. Nos concentramos en nuestros problemas y nos preocupamos por el hecho de perder oportunidades que se pueden convertir en problemas en el futuro. Quizás la presión constante de la vida moderna contribuya a nuestra infelicidad; la velocidad y la distracción del mundo en el que vivimos no nos ayuda a sentirnos a salvo, apoyados o seguros. Muchos de nosotros comparamos nuestra vida no solo con las de nuestros vecinos, sino con las de personas a las que no conocemos, famosos que parecen personificar nuestras fantasías y cómo y quién nos gustaría ser. De modo que aceptamos nuestros propios logros sin entusiasmo; en lugar de disfrutar de ellos, hacen que deseemos más.

A pesar de esta insatisfacción general, a menudo tenemos miedo de enfrentarnos a cuestiones relacionadas con la salud psicológica. Mientras quizás les mostremos con orgullo a los amigos nuestra pierna escayolada para que firmen en ella, seguimos ocultando problemas como la depresión.

Cuando admitimos tener dificultades con la mente, tendemos a pensar que la gente nos ve como una persona débil, estúpida o autocompasiva. Quizás hayamos avanzado algo desde los días en que a los «enfermos mentales» se les arrinconaba y se les encerraba en manicomios donde nadie les pudiera ver, pero el tabú continúa y lo puede medir cualquiera: solo el doce por ciento de los recursos del Servicio Nacional de Salud del Reino Unido se dedican a la salud mental.[54] Si prestamos tan poca atención a cuidar de la mente, ¿qué tiene de raro que nos encontremos en medio de una epidemia de infelicidad?

¿Por qué somos tan reacios a cuidar de la mente? Tal vez, aunque sea una paradoja, porque estamos demasiado atrapados en ella. Mientras que objetivamos el cuerpo y tendemos a verlo como algo que poseemos más que como algo que somos, con la mente ocurre algo diferente. Interpretamos el mundo con los pensamientos, de modo que ¿acaso no son los pensamientos lo que realmente somos? ¿Acaso mis pensamientos no son «yo»? Y, si esto es así, ¿no resulta angustiante y vergonzoso que no hagan lo que yo quiera y que no parezca que estoy al cargo de mi mente?

La cultura en la que vivimos premia el pensamiento; las ideas, la lógica y el análisis se valoran como formas de controlar la vida, de progresar y de alcanzar la maestría. Nos gusta vernos como criaturas racionales, capaces de resolver las dificultades a través del poder del análisis. La capacidad mental parece ser una característica definitoria de nuestra sofisticación como especie. Como dijo Descartes: «Pienso, luego existo».

El pensamiento es esencial; constituye la base de muchos de los grandes avances que la humanidad ha logrado a lo largo de los siglos. No obstante, al igual que nuestra relación con el cuerpo se encuentra desequilibrada, ¿no podría ser que nuestra relación con el pensamiento estuviera también descontrolada, con consecuencias estresantes similares? En ese caso, ¿no será que nos identificamos tanto con nuestra mente y su intensa actividad que somos incapaces de tener una perspectiva realista de ella, y que estamos demasiado atrapados para descubrir que quizás no seamos nuestros pensamientos, tal como imaginamos?

Cuando nos distraemos del momento presente, ¿a dónde va la mente? En el momento en que nos encontramos a nosotros mismos obsesionados con el pasado, soñando con el futuro o deseando que las cosas fueran diferentes aquí y ahora, ¿qué ocurre realmente? Si has estado practicando los ejercicios de mindfulness de la respiración y del cuerpo que hemos ofrecido hasta ahora, puede que hayas descubierto que la atención deambula normalmente por el pensamiento. Por regla general, cuando no estamos presentes en lo que está ocurriendo en nuestras vidas es porque nos hemos visto arrastrados al pensamiento sobre lo que está ocurriendo; quedamos atrapados en la cabeza, escondidos en conceptos mentales sobre lo que está sucediendo en lugar de experimentarlo realmente. No es que elijamos hacer esto; simplemente ocurre.

¿Recuerdas el ejemplo del plátano del capítulo 1? Nos resulta difícil experimentar el auténtico plátano que tenemos frente a nosotros porque con mucha frecuencia estamos atrapados en pensamientos que nos alejan de la percepción directa. De modo que cuando tomamos el plátano empezamos a tener todo tipo de pensamientos y opiniones sobre él:

«no está tan maduro como el que me comí ayer», u «¡odio la fruta!», o «a mí lo que me apetece es esa magdalena de chocolate tan rica». O quizás nos veamos arrastrados por pensamientos que no tienen nada que ver con el plátano; tal vez estamos tan atascados reproduciendo la discusión que tuvimos antes o la ponencia que vamos a leer mañana que casi no nos damos cuenta de lo que tenemos delante. Cuando nos quedamos atrapados en el pensamiento, este nos aleja de la realidad de nuestra experiencia, justo aquí, justo ahora.

Se nos anima a que nos identifiquemos con el pensamiento como prueba de nuestra independencia y nuestro autocontrol, pero dado que la mente tiende a desviarse volando en la abstracción de la fantasía, quizás no sea una sugerencia muy acertada. En realidad, ¿no nos arrastran bastante a menudo nuestros pensamientos, los cuales nos llevan inconscientemente adonde nos quieren llevar? ¿Acaso no nos piensan nuestros pensamientos más que nosotros los pensamos a ellos?

Si no nos damos cuenta de que no siempre somos dueños de nuestros pensamientos, estos nos pueden conducir mucho más lejos, al territorio de la depresión –si dichos pensamientos nos indican que somos malos, incompetentes, vagos e indignos de ser queridos–, y podemos terminar creyendo que todo es culpa nuestra. Nos identificamos con lo que la mente nos está diciendo porque creemos que los pensamientos son nuestros; así desembocamos en una mayor culpabilidad, odio hacia nosotros mismos, ira, resistencia... y estrés.

NUESTRAS PERCEPCIONES SESGADAS

El hecho de que nuestros pensamientos estén habitualmente orientados hacia lo negativo tampoco ayuda. En parte, esto es un legado evolutivo: debido a que los primeros homínidos tenían que estar preparados para protegerse de los ataques de los depredadores, eran más sensibles a las amenazas que a los estímulos agradables. Si nuestros ancestros dejaban de percibir algo hermoso (por ejemplo, una bonita puesta de Sol), quizás fuera una lástima, pero no era igual que la catástrofe inmediata de no ver a un león escondido entre la maleza. Cuando ocurre algo desagradable –o parece que pueda ocurrir– estamos preparados para prestarle atención y para concentrarnos en eso. Estamos programados para temer lo peor y, dado que nuestras percepciones están sesgadas, tendemos a ser catastrofistas, a preocuparnos, a criticar y a juzgar, no basándonos en los hechos sino en una parcialidad intensamente negativa. Muchos de nosotros vemos las cosas peor de lo que son, especialmente cuando estamos estresados.

Los pensamientos que nos preocupan actúan conjuntamente con las reacciones corporales; nos tensamos y nos preparamos hasta que pasa el problema o le encontramos una salida. Y del mismo modo que tensar el cuerpo como reacción al estrés crónico no es algo que ayude mucho, una cavilación excesiva también es una manera muy poco efectiva de ocuparnos de la mayoría de las preocupaciones cotidianas del mundo moderno. Cuando el pensamiento no nos da una solución a una situación difícil, darle vueltas y más vueltas al problema en la mente, inquietándonos e intentando descubrir qué hacer, solo nos conduce a preocuparnos cada vez más. Eso arrincona otras perspectivas que pueden aligerar nuestro estado de ánimo u otras acciones que mejoren nuestra calidad de vida.

En lugar de ayudarnos a resolver el problema al que nos estamos enfrentando, cavilar en exceso tiende a hacer que estemos cada vez más distraídos, cansados, introspectivos y concentrados en nuestro (infeliz) yo. La mente y el cuerpo se quedan bloqueados en un estado de tensión, conspirando inconscientemente para mantenernos en marcha y ansiosos.

La mayoría tendemos a actuar así, pero aquellos de nosotros que quedamos más atrapados en los patrones de pensamiento negativos —debido a nuestra herencia genética, a las influencias pasadas y a las circunstancias de la vida actuales— somos más vulnerables a enfermedades como la depresión. Con el tiempo, el ciclo puede empeorar: cada episodio de angustia parece almacenarse como un recuerdo, y es más probable que seamos más sensibles a situaciones parecidas en el futuro.[55] Cerca de la mitad de las personas que sufren depresión tendrán en algún momento otro episodio, mientras que las que la han padecido tres o más veces presentan un noventa por ciento de probabilidades de volver a recaer.[56] La repetición de los episodios puede ser provocada por los mensajes atemorizadores almacenados como fruto de nuestras experiencias previas. Típicos pensamientos depresivos como «¡otra vez lo mismo!», «¡nunca hago esto bien!» o «hay otros que lo hacen mejor que yo; ¡soy un fracaso!» contribuyen a hacer que sea más probable que se produzca otro episodio, así como a que tenga lugar un impacto negativo en nuestro estado general de salud. La investigación indica que se pueden provocar episodios posteriores de depresión solo con la preocupación y la cavilación, aunque no haya habido una crisis que los desate. Una vez más tenemos aquí la segunda flecha de Buda; no solo experimentamos el dolor de nuestra situación actual, sino que le añadimos el estrés que nuestras interpretaciones negativas cargan sobre dicha situación.

TRABAJAR DE FORMA HÁBIL CON LOS PENSAMIENTOS

Los tratamientos para la depresión, como la terapia cognitiva, se concentran en ayudarnos a cambiar los pensamientos y las percepciones negativos. Nos animan a comprender cómo en momentos de estrés la mente lo interpreta todo a través de un espejo distorsionado, haciendo que las cosas parezcan peor de lo que en realidad son. Estos enfoques tienen como objetivo ayudarnos a hacer caso omiso de los pensamientos —o bien a cuestionarlos y cambiarlos— cuando no están basados en la realidad.

No obstante, no resulta fácil alterar los patrones mentales que hemos estado practicando durante toda la vida. Si nos hemos habituado a quedar atrapados en el pensamiento negativo, es probable que ese hábito esté profundamente arraigado en nosotros, y puede que nuestros pensamientos no respondan cuando les digamos que hagan algo diferente. Estamos intentando usar la mente para cambiar la mente, y eso no es fácil. En ocasiones, desafiar a los pensamientos negativos puede ser una estrategia útil, pero si somos incapaces de cambiarlos o de eliminarlos corremos el peligro de deprimirnos aún más, quizás culpando a nuestra mente por no ser más precisa o culpándonos a nosotros mismos por no ser más fuertes o más positivos. Luchar con la mente de este modo puede conducir al mismo problema al que los pacientes con dolor crónico se enfrentan con su cuerpo: el hecho de luchar con las experiencias desagradables o de intentar liberarse de ellas puede empeorar su problema.

Por lo tanto, quizás necesitemos plantear las cosas de un modo diferente. Para no quedarnos atrapados en nuestros pensamientos inexactos, quizás no necesitemos tanto desafiarlos o cambiarlos como simplemente observarlos como lo que son: solo pensamientos. En lugar de intentar alterar el contenido de la mente, tal vez podríamos encontrar otra perspectiva, ver esos pensamientos desde un ángulo diferente.

Con su programa MBSR, Jon Kabat-Zinn enseñó a sus pacientes con dolores crónicos una nueva manera de trabajar no solo con el dolor físico sino también con la angustia mental que a menudo este conlleva. Cuando el dolor iba acompañado de un discurso interno estresante, la directriz era simplemente advertir ese discurso y volver a la conciencia de la respiración o del cuerpo. A través de esa desidentificación respecto a los pensamientos habituales sobre el dolor, los participantes del programa MBSR aprendieron que es posible observarlos sin creer en ellos. Por medio de la práctica de la meditación se entrenaron para ser capaces de hacer esa distinción.

La psicología occidental denomina a esta capacidad *metacognición*. Con la metacognición, nos relacionamos *con*, más que *desde*, nuestros pensamientos. No podemos hacer mucho con lo que los pensamientos nos dicen, ya que tienden a zumbar constantemente, a pesar de que intentemos detenerlos. Sin embargo, podemos aprender a elegir cuándo escucharlos y cuándo tratarlos como un ruido de fondo inofensivo. En el momento en que somos capaces de reconocer que nuestras percepciones son inexactas, comenzamos a usar parte de la mente que ve a través de las asunciones habituales y que nos ayuda a observar las situaciones con claridad. Con esta conciencia, podemos disminuir el poder que tienen los pensamientos sobre nosotros, empezar a ver que no son hechos reales y que no tenemos que creer todo lo que pensamos.

INVITADOS A LA CLÍNICA PARA LA REDUCCIÓN DEL ESTRÉS

Si la meditación ayuda a pacientes con dolor crónico a practicar la metacognición, ¿podría ser útil también para personas con depresión? A mediados de los años noventa, la clínica para la reducción del estrés de la Universidad de Massachusetts invitó a Mark Williams y a John Teasdale, de la Universidad de Cambridge, y a Zindel Segal, del Instituto Clarke de Psiquiatría de Toronto. Williams, Teasdale y Segal eran psicólogos cognitivos y estaban trabajando para desarrollar nuevos tratamientos para la depresión. Se les había pedido que elaboraran conjuntamente una versión de la terapia cognitiva para ayudar a personas que la habían padecido varias veces, y se centraron especialmente en intentar que esas personas se ayudaran a sí mismas a no recaer en el ciclo de la depresión, en el que los pensamientos negativos llevan de un episodio a otro.

Los tres habían oído hablar de Jon Kabat-Zinn a través de un colega, y se dieron cuenta de que sus indicaciones sobre el mindfulness podrían ser precisamente lo que sus pacientes deprimidos necesitaban. Sus visitas a Massachusetts les produjeron un gran optimismo: al observar el programa de reducción del estrés basado en el mindfulness, vieron a gente normal con problemas de salud crónicos aprendiendo a sobrellevar su situación de un modo nuevo que a menudo les cambiaba la vida.

Siendo como eran psicólogos reconocidos, les preocupaba cómo podrían reaccionar sus colegas ante la idea de utilizar el mindfulness, especialmente para tratar una enfermedad intratable como la depresión. Mark Williams recuerda que en una conferencia le abordaron y le preguntaron: «¿Es verdad eso que he oído de que está meditando usted con sus pacientes?». Sin embargo, decidieron confiar en la investigación de la clínica para la reducción del estrés, así como en su propia experiencia del programa. Durante los siguientes años se dedicaron a adaptar el programa MBSR específicamente para personas con riesgo de depresión.

El nuevo programa se denominó «Terapia cognitiva basada en la atención plena o mindfulness (en inglés, Mindfulness-Based Cognitive Therapy –MBCT–). Conservaba todos los elementos principales de la MBSR, y también introducía algunas herramientas y técnicas de la terapia cognitiva. Estas incluían ejercicios de juegos de rol para demostrar que el pensamiento negativo puede hacer que el estado de ánimo empeore; asimismo, se les pedía a los participantes que escribieran planes de prevención de la recaída para llevar a cabo cuando vieran signos de que se aproximaba una depresión.

Aunque estaba destinada a personas con un problema de salud «mental», la MBCT seguía poniendo un gran énfasis en el hecho de prestar atención al cuerpo. La distinción clara que tendemos a hacer entre los problemas de salud «mental» y «física» es falsa; a pesar de que la llamemos así, la salud mental no solo tiene lugar en la cabeza. Las personas que están deprimidas a menudo sufren palpitaciones, dolores de cabeza, tensión muscular y cansancio, además de tener el estómago revuelto y poco apetito. También con frecuencia pierden el contacto con su cuerpo, especialmente cuando se quedan atrapadas en los pensamientos. La reacción a los síntomas físicos puede que sea más preocupación, más cavilación y más disociación, lo que a su vez provoca más problemas físicos aún. Al animar a los participantes a anclarse a sí mismos en el momento presente, a estar más en su cuerpo, quizás puedan liberarse de este ciclo en alguna medida.

Todos los ejercicios de mindfulness que se enseñan en el programa MBCT favorecen el cambio de perspectiva. A través del mindfulness de la respiración se invita a los participantes a dirigir la atención a algo diferente a los pensamientos, a estar menos atrapados en las cavilaciones y a descender a la experiencia física. El mindfulness del cuerpo lleva este proceso aún más lejos, ya que les permite estar más sintonizados con las señales físicas que pueden anunciar el comienzo de una depresión, en lugar de verse arrastrados a un ciclo especulativo de desesperación. Y al tener conciencia de los propios procesos de pensamiento –observándolos en la meditación–, los participantes aprenden a contemplar los pensamientos desde una posición más útil, viéndolos y aceptándolos con una conciencia amable, pero sin cometer el error de creer que siempre son verdad.

La experiencia de Kathy

Kathy tiene cuarenta y siete años, y hace tres le aconsejaron seguir el programa MBCT. Asegura que el mindfulness ha sido la pieza que faltaba en el puzle de su salud mental.

Kathy tiene un largo historial de depresión. Hace doce años la medicaron, y parece que los fármacos le dieron cierta estabilidad. A medida que fue mejorando, habló con su médico de familia para buscar otras formas de tratamiento. El médico la envió a un terapeuta cognitivo conductual, y ella también decidió ir a un nutricionista.

Un día, hablando con una amiga, esta le habló de la práctica del mindfulness y alabó lo mucho que se había beneficiado de ella. Kathy le habló a su terapeuta de esa práctica y él la remitió a un curso.

En la primera sesión el profesor orientó al grupo para hacer un «escaneo corporal». Kathy inmediatamente pensó: «¡esto sí lo puedo hacer!», y explica:

—Eso no significa que fuera fácil. Resultaba bastante difícil sacar tiempo para hacerlo todos los días. Pero me parecía que era algo que podía llevar a cabo.

Poco a poco, pero con constancia, a medida que pasaban las semanas, Kathy comenzó a sentir que algo cambiaba en ella.

—Empecé a ser capaz de reconocer más mis problemas, especialmente la tendencia a querer hacerlo todo bien. Fue bastante doloroso ver cómo surgía durante la meditación, pero sentí que algo cambiaba en mí.

Al poco tiempo sintió realmente los beneficios de este ejercicio:

—Hacia el final del curso, o puede que justo después, me inscribí en una clase de educación continua los sábados por la mañana. En una de esas clases sentí por primera vez que podía estar ahí mentalmente. No me sentía culpable por no hacer otra cosa, como estar en casa con

mi familia. El mindfulness me ha dado la capacidad de estar más conectada, de estar más allí donde estoy. Uno de mis hijos me preguntó por qué estaba haciendo el curso, y le dije que estaba aprendiendo a prestar atención. Mi familia pensó que era una estupidez, pero así es como yo lo resumiría: estás aprendiendo a reconocer lo que está ocurriendo, tanto dentro como fuera.
La MBCT ha tenido un gran impacto en el modo en que Kathy sobrelleva sus cambios de humor:
—He reducido la medicación más que nunca y desde que hice el curso no he sufrido ninguna depresión importante. Sigo teniendo sentimientos desagradables y estrés, pero no me quedo atrapada en ellos como antes. Si me retraso cuando tengo que estar en otro lugar, no pierdo la energía preocupándome por eso; puedo decir: «bueno, ahora estoy aquí, de modo que voy a sacar el máximo provecho de esto». Y me encuentro mejor cuando he tenido una semana muy estresante.
Un buen ejemplo de cómo el hecho de practicar mindfulness ayuda a Kathy surgió cuando se fue con su familia a Londres a hacer unas compras de Navidad. Como ella misma recuerda:
—Estábamos en la sección de juguetes y había mucha gente. Normalmente no llevo muy bien las multitudes; no me gustan ni la presión ni el estrés. Empecé a ponerme ansiosa pensando que podía perder a alguno de mis hijos; tuve una especie de ataque de pánico. Pero sabía que cuando las cosas se ponen difíciles tengo que prestar atención a lo que está haciendo mi cuerpo. De modo que empecé a decirme: «bueno, están aumentando los

latidos y la tensión arterial; estoy muy tensa y se me están endureciendo los hombros». Ese proceso me ayudó a relajarme un poco, y gracias a él no sufrí un ataque de pánico total, aunque estuve a punto. Creo que si no hubiera hecho el entrenamiento de mindfulness para ayudarme a pensar de modo diferente probablemente no habría sido capaz de librarme de esa angustia. El simple hecho de reconocer las experiencias por las que atraviesa mi cuerpo es suficiente para impedir que me absorban mis viejos patrones y empiece a culparme y juzgarme.

Como la mayoría de nosotros, Kathy tiene una vida muy ajetreada, con muchas responsabilidades. Al tener que cuidar de una familia, no dispone de mucho tiempo libre, pero sabe que necesita meditar para mantener la mente en forma.

—Un poco de práctica al día supone una gran diferencia –dice.

Kathy había intentado un montón de maneras de manejar la depresión, muchas de ellas útiles. Pero asegura que la que más la ha ayudado ha sido la MBCT.

—He hecho un montón de terapia hablada, pero el gran cambio se ha producido con el mindfulness, probablemente por el modo en que te ayuda a prestar atención y a dar ese paso que te sitúa detrás de los pensamientos. Para mí, al menos, la depresión surge cuando me veo abrumada por el dolor, la frustración o la ira, y ya no participo en esos sentimientos como solía hacer antes. Creo que el mindfulness es la pieza que falta en otros tipos de psicoterapia.

PRUEBAS CIENTÍFICAS

Para convencer a las instituciones médicas potencialmente escépticas, quienes desarrollaron la MBCT sabían que tenían que probar los tratamientos de forma científica. ¿Ayuda realmente la terapia cognitiva basada en el mindfulness a que las personas con riesgo de padecer una depresión se sientan mejor? Para descubrirlo, llevaron a cabo una prueba que se realizó simultáneamente en las universidades de Toronto, Cambridge y Bangor (en esa época Mark Williams se había trasladado de Cambridge al norte de Gales).[57] Distribuyeron al azar a ciento cuarenta y cinco pacientes con alto riesgo de depresión en dos grupos: con uno de ellos se realizó un curso de MBCT, mientras que el otro continuó recibiendo el tratamiento habitual. Al cabo de un año se midió el progreso de ambos grupos.

Los resultados fueron claros: de los pacientes que habían sufrido más de dos episodios de depresión (las tres cuartas partes de ellos) solo un tercio de los del grupo de la MBCT recayó al año siguiente, mientras que entre aquellos que no habían recibido entrenamiento de mindfulness el índice de recaída fue el doble: dos terceras partes volvieron a padecer la enfermedad. La MBCT había marcado una gran diferencia. En 2004 una segunda prueba arrojó resultados más positivos: de entre aquellas personas más predispuestas a la depresión, el treinta y seis por ciento de los participantes en la MBCT recayeron, comparado con el setenta y ocho por ciento del grupo de control.[58]

Como resultado de estos dos estudios, la terapia cognitiva basada en el mindfulness recibió un importante apoyo. En el Reino Unido existe una institución llamada Instituto

Nacional para la Salud y la Excelencia Clínica (National Institute for Health and Clinical Excellence –NICE–), que decide –basándose en las mejores pruebas científicas a su disposición– qué tratamientos debe ofrecer el sistema sanitario nacional. En 2004 el NICE recomendó la MBCT a aquellas personas que habían sufrido más de dos episodios de depresión. Eso hizo que el mindfulness entrara a formar parte de la política sanitaria oficial del Reino Unido como un tratamiento para la depresión aprobado por el Gobierno junto con planteamientos médicos más ortodoxos tales como fármacos antidepresivos y terapias psicológicas. La meditación estaba empezando a salir de los márgenes de la medicina; el mindfulness se estaba introduciendo como una tendencia general.

No han dejado se seguir apareciendo pruebas científicas de que el mindfulness contribuye al bienestar. En 2007 un equipo dirigido por el profesor Willem Kuyken, de la Universidad de Exeter, llevó a cabo otro estudio. En esta ocasión se comparó la MBCT con el tratamiento más utilizado normalmente, los antidepresivos.[59] Kuyken y sus colegas observaron a ciento veintitrés personas que presentaban un historial de depresión recurrente y que estaban tomando antidepresivos como tratamiento de «mantenimiento». Esto significa que se les estaba prescribiendo medicación durante un largo período de tiempo, con la esperanza de mantener un equilibrio químico que las protegiera de la recaída. A los pacientes, o bien se les aplicaba el programa MBCT (en cuyo caso también se les invitaba a que dejaran la medicación), o bien se les pedía que continuaran como antes, con el tratamiento farmacológico.

Un año después, el sesenta por ciento del grupo que no había optado por la MBCT tuvo una recaída, comparado con el cuarenta y siete por ciento de aquellos a los que se les enseñó mindfulness (tres cuartas partes de los cuales también habían dejado de tomar antidepresivos). El estudio reveló que el mindfulness era más útil para prevenir las recaídas y que con él solía mejorar más la calidad de vida de los participantes. Además, la MBCT era menos costosa que los antidepresivos, lo que constituía un ahorro considerable a largo plazo, ya que habitualmente, al contrario de lo que ocurre con la medicación, no hay que volver a prescribir la práctica de mindfulness; los pacientes pueden seguir practicándolo en casa tras haber finalizado el curso, utilizando las habilidades que han aprendido.

En una prueba cuyos resultados se publicaron a finales de 2010, también se compararon el tratamiento antidepresivo y la terapia de mindfulness; se descubrió que las personas tratadas con esta terapia tuvieron el mismo éxito que aquellas que tomaron la medicación (el índice de recaída de ambos grupos fue de cerca de un treinta por ciento a lo largo de dieciocho meses). Estos resultados se compararon con los de otro grupo al que solo se le administró un placebo; más del setenta por ciento de estos pacientes volvieron a recaer en el mismo período de tiempo.[60]

Se han realizado varias pruebas de menor envergadura en las que se ofrecía la MBCT como tratamiento cuando el individuo se encontraba sumido en una depresión, en lugar de hallarse entre dos episodios. Sus resultados también son alentadores: en una de ellas, la MBCT redujo los síntomas de depresión de serios a suaves (mientras que el grupo que no recibió el entrenamiento no mostró ningún cambio), y otra reveló que una tercera parte de los pacientes ya no sufrían la enfermedad al final del curso.[61]

La investigación de Jon Kabat-Zinn indicó que la MBSR también podía reducir la ansiedad,[62] y en la actualidad se han realizado ya suficientes estudios sobre el mindfulness y el estado de ánimo como para convertirlo en objeto de varios metaanálisis, en los cuales los resultados de varios ensayos se combinan para extraer conclusiones más firmes. Un estudio examinó treinta y nueve conjuntos de datos y concluyó que el mindfulness es efectivo para controlar tanto la depresión como la ansiedad.[63] Curiosamente, sus autores admitieron que en un inicio eran escépticos, y que esperaban descubrir que tenía escaso efecto o incluso ninguno. Los resultados con los que se toparon les hicieron cambiar de opinión; terminaron elogiando el mindfulness como una «intervención prometedora». También ha habido pruebas alentadoras de planteamientos basados en el mindfulness para personas con otro tipo de problemas psicológicos, incluidos el trastorno obsesivo-compulsivo,[64] el trastorno de déficit de atención con hiperactividad[65] y el trastorno de ansiedad generalizada.[66]

Los beneficios que ofrece esta práctica no se limitan a aquellos que presentan un diagnóstico clínico. ¿Recuerdas el estudio que Jon Kabat-Zinn llevó a cabo con los oficinistas de Madison, en Wisconsin? Durante el programa, aquellos que aprendieron a meditar escalaron diez puestos de un total de cien en la clasificación de la felicidad.[67] Otras pruebas realizadas en poblaciones generalmente sanas también han mostrado beneficios tales como una reducción de los niveles de estrés y una mejora en la calidad del sueño.[68] Los resultados demuestran que a través de la práctica de la meditación podemos aprender a trabajar con la mente de una forma más hábil.

¿CÓMO AYUDA EL MINDFULNESS?

¿Qué es lo que nos dice la ciencia acerca de *cómo* ayuda el mindfulness? Con el entrenamiento en la meditación parece que las personas se pueden relacionar de forma más consciente con sus pensamientos. Un estudio dirigido por John Teasdale reveló que cuando la MBCT redujo el riesgo de recaída entre los pacientes proclives a la depresión también aumentaron sus habilidades metacognitivas, lo cual indica que quizás el mindfulness cause realmente un cambio en la relación de la persona con sus pensamientos que le produzca algún beneficio.[69] Varios estudios posteriores también han indicado que después de haber asistido a un curso de mindfulness los participantes se sienten menos atados a sus pensamientos; cavilan menos.[70]

Un innovador estudio de la Universidad de Harvard nos ofrece más pruebas de que vivir con mindfulness es beneficioso. Los investigadores siguieron las actividades de dos mil participantes tras pedirles que escribieran varias veces al día lo que les estaba ocurriendo cada vez que sonase una alarma en sus iPhones. Descubrieron que la mitad del tiempo tenían la mente distraída de lo que estaban haciendo, pero que eran más felices cuando se implicaban en lo que estaba ocurriendo en el momento presente. De hecho, a menudo contar el número de veces que la mente se distraía era una forma más precisa de pronosticar la felicidad que comprobar el tipo de actividades que estaban llevando a cabo.[71]

La ciencia también está confirmando que el mindfulness ayuda a las personas a relacionarse de forma más compasiva con su experiencia. Mientras que el pensamiento meditabundo a menudo es crítico, duro y cruel, la conciencia cultivada en el mindfulness es suave, cálida y amistosa. De modo que, además de enseñarnos a no identificarnos con nuestra voz interior crítica, el mindfulness parece fomentar un modo más amable de estar con nosotros mismos. Otro de los estudios de Willem Kuyken sugiere que puede que en parte esta sea la razón de que la MBCT sea efectiva: el programa protege a las personas de recaer en la depresión por medio de invitarlas a practicar la autocompasión.[72]

SER TU PROPIO BUEN PADRE

Una forma útil de visualizar esto consiste en imaginar que se trata de una especie de «autocrianza». Al aprender a desarrollar una parte «observadora» y no crítica de nuestra mente y utilizarla para observar y apoyar nuestros pensamientos, además de ser amables con ellos, independientemente de lo desagradables que sean, estamos cuidándonos a nosotros mismos al igual que una buena madre o un buen padre cuida a su hijo –con atención, paciencia y amor–. Estamos siendo amables con nuestros pensamientos aunque nos informen erróneamente o nos frustren, nos lleven al pánico o nos hagan tirar la toalla. No los estamos apartando ni criticando, ni creyendo las historias inexactas que nos cuentan. Solo estamos ofreciéndoles mantenerlos en la conciencia.

Hace mucho que los psicólogos se han percatado de que el niño necesita este tipo de relación con sus cuidadores para poder crecer y llegar a ser un adulto psicológicamente sano.

Un niño educado con mindfulness desarrolla lo que se conoce como «apego seguro»: aprende a confiar en el mundo que le rodea y, a medida que crece, a confiar en sí mismo. Las personas que están «apegadas de forma segura» se sienten confiadas a la hora de abordar nuevas experiencias, hacer amigos y enfrentarse a los contratiempos de la vida. Para ser esencialmente felices, no dependen de las opiniones de los demás o de que todo en su vida vaya siempre bien.

Por otra parte, si un niño no obtiene este tipo de cuidados puede que nunca aprenda a sentirse seguro y cómodo, o a controlar sus pensamientos, sentimientos y comportamientos. Posiblemente gran parte del tiempo será incapaz de cuidar de sí mismo y se sentirá atemorizado, solo e inseguro. Puede que carezca de unos límites adecuados y viva una vida caótica, que tenga un «ego frágil», que siempre necesite gustar a los demás y que en todo momento se preocupe de que ocurra algo negativo o no sea capaz de vivir por sí mismo. Las personas apegadas de forma insegura nunca aprenden a interiorizar un «buen padre», porque cuando eran pequeños nunca experimentaron ese tipo de cuidados.

Los investigadores modernos se han dado cuenta de las semejanzas entre las cualidades que poseen las personas que están «apegadas de forma segura» y aquellas que viven más según el mindfulness. Las pruebas han demostrado que quienes tienen una mayor atención plena de modo natural (esos individuos que poseen un alto grado de lo que los psicólogos denominan «rasgos del» o «disposición al» mindfulness) son menos propensos a la angustia psicológica, incluidas la depresión y la ansiedad, además de que son menos neuróticos y más extrovertidos. También disfrutan de una mayor sensación de bienestar y reflejan más alegría, complacencia y satisfacción por la vida.[73] Estas personas se recuperan de su mal humor con mayor rapidez, cavilan menos y tienden a escapar en menor medida de las experiencias difíciles; también son menos perfeccionistas. Presentan un número más reducido de pensamientos negativos y no tienden a apegarse a ellos. Poseen una mayor autoestima, que depende menos de que las cosas les vayan bien en la vida. No se sienten tan zarandeados por las experiencias difíciles y saben cómo cuidarse cuando se encuentran bajo presión.[74]

La práctica del mindfulness puede ayudarnos a desarrollar nuestro «buen padre» interior, incluso cuando nos hacemos adultos. Al ofrecernos a nosotros mismos una atención amable en el momento presente, estamos aprendiendo a relacionarnos con nuestras experiencias con amabilidad, aunque las circunstancias sean difíciles. Esta imagen del mindfulness como una autocrianza compasiva también aparece en algunas enseñanzas clásicas de meditación, que hablan de «colocar la mente del miedo en la cuna del amor amable».[75]

La experiencia de Dixon

Cuando Dixon se apuntó a un curso de terapia cognitiva basada en el mindfulness esperaba aprender técnicas para sobrellevar la depresión. Aprendió algunas, pero el mindfulness le ha ayudado a sobrellevar muchas más cosas aparte del mal estado de ánimo.

Dixon, que ahora tiene cerca de cincuenta y cinco años, ha sufrido de depresión desde que era adolescente, pero asegura que lo peor llegó después de sufrir fiebre Q, una infección bacteriana con síntomas semejantes a una gripe seria, que también afecta al hígado. Según cuenta él mismo:

—A partir de entonces ya no he vuelto a tener la misma salud.

Dixon, al que también le diagnosticaron fatiga crónica, siguió trabajando como profesor, pero señala que a menudo estaba deprimido y cansado.

Su médico le sugirió que hiciera un curso de terapia cognitiva basada en el mindfulness. Al principio, dudó:

—Si antes de eso me hubieran preguntado por la meditación, me habría acordado de mi juventud y de los Beatles, y habría pensado: «¡sí, vale, eso está muy bien para unos cuantos hippies melenudos, pero no para mí!». No obstante, decidió que no tenía nada que perder.

—Pensé: «bueno, vamos a probar; lo peor que puede pasar es que vayas un par de veces y te encuentres con que todos los presentes se dediquen a poner varillas de incienso vestidos con túnicas, y te vayas». Pero no fue así. Dixon explica que la MBCT le dio una gran comprensión de la depresión y las herramientas para tratarla.

—Aprendí cómo la depresión afecta a personas como yo, y cómo reconocer el problema antes de que se agrave. Esta enfermedad consiste en desviar la mente a zonas a las que no debería ir, ya sea reviviendo experiencias dolorosas o desagradables del pasado o pensando en miedos del futuro. Con la práctica eres más consciente de lo que la mente está haciendo; te das cuenta de que estás pensando en cosas en las que no necesitas pensar. Esa es una magnífica herramienta contra la depresión.

»Una vez que practicas asiduamente la meditación, puedes decir: «estoy al cargo de mi vida». Sé que suena raro, pero creo que antes no lo estaba. No estaba al cargo de mi vida; esta iba y actuaba por su cuenta, y no era consciente de que estaba reciclando un montón de cosas y volviéndome cada vez más ansioso y preocupado. La depresión hace que quienes la sufren estén más concentrados en sí mismos y en sus propios problemas, hasta el punto de que dejan de ser operativos. El mindfulness logra que dejes de hacer eso. Gracias a él, no permites que la mente te ate.

Hace dos años, el entrenamiento de mindfulness que había llevado a cabo Dixon cobró aún mayor relevancia. Le ingresaron en un hospital debido a un fuerte dolor de espalda, y los médicos le diagnosticaron cáncer de huesos; tres de sus vértebras estaban destrozadas, ya que tenía la columna erosionada. Ahora utiliza las «herramientas mentales» que aprendió en la MBCT para afrontar los desafíos de vivir con cáncer. Él mismo lo explica:

—Cuando hice el curso, no tenía ni idea de que sufría otros problemas de salud, pero el mindfulness me ha ayudado mucho a soportar el dolor. A través de la meditación analizas la naturaleza del dolor y el malestar y te acercas a ellos; descubres cosas sobre ellos. Y, paradójicamente, cuanto más te acercas, más capaz eres de soportarlo. Si siento dolor en las lumbares o en la pelvis, me relajo y le presto atención; y con frecuencia me doy cuenta de que no es tan terrible como pensaba. Creemos que el dolor es dolor, pero todo depende del modo en que lo percibes. Buena parte del dolor se debe a lo que acumulas en la mente. Es bastante raro; si hace cinco años alguien me hubiera dicho esto, yo habría respondido: «pero ¡qué estupidez es esa! ¡Si duele, duele, y punto!».

Hace poco operaron a Dixon para repararle la columna, además de tratarlo con quimioterapia y un trasplante de células madre. Cuando se encontraba en el hospital, se sentaba en la cama y practicaba los ejercicios de mindfulness que aprendió en el curso, y ahora que está en casa les da mayor prioridad, por lo que normalmente consigue practicar cerca de una hora y media cuatro veces a la semana:

—Ahora no solo me ocupo de la depresión; también me ocupo de los miedos que conlleva sufrir una enfermedad seria a largo plazo. La meditación me ayuda a serenar la mente, a concentrarme y a asegurarme de que no me da un ataque de pánico o de que experimento una reacción desmedida. Me ha ayudado a aceptar el problema que tengo y a sobrellevarlo.

»Al concentrarte en el aquí y el ahora, no te estás ocupando del miedo de qué va a ser de tu familia, por ejemplo, o de todas esas otras cuestiones que te hacen deprimirte, sino de cómo son las cosas ahora mismo. Es fantástico poder hacer eso; es un salvavidas al que puedes agarrarte. Mi hijo tiene once años y necesita un padre que le pueda llevar a entrenar al fútbol y que le cuente chistes; la MBCT me ha dado la valentía y la fortaleza necesarias para hacer eso. Me prepara la mente para enfrentarme con valor a la vida en lugar de hundirme en la ciénaga del desaliento.

LA MEDITACIÓN EN EL CEREBRO

La ciencia del mindfulness también está empezando a decirnos lo que ocurre en nuestro cerebro cuando meditamos. Al igual que los signos físicos de la práctica son evidentes en el cuerpo, también hay pruebas de una transformación similar en el funcionamiento —e incluso la estructura— cerebral.

Hasta hace poco la idea de que pudiéramos cambiar la forma del cerebro a través del comportamiento no era demasiado aceptada en los círculos científicos. Por supuesto, se aceptaba ampliamente que las condiciones en las que se encuentra este órgano afectan al modo en que experimentamos el mundo; por ejemplo, si resultaba dañado como consecuencia de un accidente de coche o de un infarto, lo más probable es que ello tuviera un impacto en nuestra capacidad para pensar o para realizar acciones que antes nos habrían resultado fáciles. Sin embargo, la posibilidad de que pudiéramos ser capaces de influir en la estructura del cerebro en función del modo en que usáramos la mente parecía bastante improbable.

La idea ortodoxa era que al llegar a la edad adulta la estructura cerebral estaba ya fijada firmemente; una vez que terminaba la infancia, básicamente te quedabas estancado en lo que ya tenías. Una de las consecuencias de esta idea en lo que concierne a nuestro bienestar era la noción de que los adultos presentan un «índice de felicidad» bastante estable.[76] A pesar de que en nuestra experiencia cotidiana el estado de ánimo sufre altibajos, fluctuando en función de lo que estemos viviendo y de lo que nos ocurra, se pensaba que nuestra predisposición básica hacia la alegría o la tristeza era algo inalterable. Se vio que incluso si a una persona le sucedía algo realmente maravilloso o terrible el efecto que ello tenía en su felicidad era breve. Por ejemplo, cuando alguien ganaba la lotería, se sentía más feliz durante un tiempo, pero al cabo de uno o dos años era tan feliz o infeliz como antes de aquel premio imprevisto.[77] Del mismo modo, cuando alguien tenía un accidente que le dejaba en silla de ruedas se sentía más infeliz durante un tiempo, pero después volvía a su estado de ánimo habitual. Sin embargo, gracias a la nueva tecnología que permite a los investigadores observar de cerca la actividad cerebral, hoy en día los científicos creen que el índice de felicidad no está tan establecido como se pensaba.

NEUROPLASTICIDAD

Algunas técnicas como la electroencefalografía nos permiten estudiar la actividad eléctrica del cerebro, mientras que gracias a la imagen por resonancia magnética funcional podemos ver con gran detalle qué partes de este órgano se encuentran más activas cuando llevamos a cabo determinadas tareas. La información y las imágenes que nos ofrecen han permitido a los neurocientíficos descubrir y cartografiar regiones del cerebro que se «encienden» cuando aprendemos un idioma nuevo, resolvemos problemas matemáticos o pensamos en alguien que conocemos.

Estos procedimientos nos han enseñado muchas cosas sobre cómo funciona el cerebro, y ahora sabemos que a lo largo de la vida pueden ocurrir y de hecho ocurren cambios estructurales en él; se establecen conexiones nuevas entre neuronas, y cada día se crean unas cinco mil neuronas nuevas. Gracias a las nuevas técnicas de escaneo, los neurocientíficos han demostrado que se producen cambios como resultado de lo que hacemos en la vida. El cerebro está constantemente renovándose y reestructurándose en respuesta a las experiencias, un fenómeno conocido como *neuroplasticidad*.

Un famoso ejemplo de esto es un estudio en que se escanearon los cerebros de varios taxistas londinenses, el cual reveló que, como promedio, esos taxistas poseían un hipocampo mayor que el resto de las personas.[78] El hipocampo es una parte del cerebro asociada con el tratamiento espacial y la memoria, habilidades que se supone que taxistas como los londinenses practican frecuentemente, dado que deben conducir a través de complejas configuraciones de calles, mientras llevan a los pasajeros por tan extensa ciudad. ¿Podría ser que los taxistas tengan hipocampos mayores porque han de llevar a cabo intensos ejercicios de memorización cuando se entrenan para hacer su trabajo, y porque después han de continuar utilizando esa parte del cerebro cuando están trabajando?

Es bastante probable que sea la labor del taxista la que marque la diferencia en sus cerebros; los investigadores descubrieron que los hipocampos de los que llevaban más tiempo trabajando eran mayores que los de aquellos que acababan de empezar. También se ha hallado una prueba similar de neuroplasticidad en otros estudios: las personas que hablan varios idiomas tienen el cerebro más desarrollado en las zonas relacionadas con el procesamiento verbal,[79] mientras que los cerebros de los músicos que tocan instrumentos de cuerda son diferentes en las regiones que controlan el movimiento motor.[80]

La neuroplasticidad parece funcionar como el condicionamiento corporal. A nadie le sorprende que el hecho de levantar pesas pueda fortalecer los músculos de los brazos, de modo que ¿resulta muy extraño que hacer ejercicios mentales pueda fortalecer del mismo modo el cerebro? Quizás no, pero hasta que el fenómeno de la neuroplasticidad se detectó a través de la tecnología no había pruebas claras de que así fuera. El hecho de que ahora podamos estar seguros de que ocurre tiene muchas implicaciones; sugiere que hay cualidades de la mente como la atención, la empatía o la alegría que se pueden desarrollar al igual que un músculo. Podemos entrenarnos para ser más sabios o para estar más satisfechos.

Por supuesto, al igual que todo el entrenamiento del mundo no logrará convertir a un tipo de cincuenta kilos en un campeón de los pesos pesados, todos tenemos cierta predisposición hacia determinadas cualidades de carácter, incluido lo felices que somos. No obstante, la existencia de la neuroplasticidad indica que puede que estas predisposiciones no estén tan determinadas como antes se pensaba. Al entrenarnos para relacionarnos con la experiencia de un modo diferente —incluso cuando somos adultos—, podemos empezar a liberarnos de ciertos patrones que parecían ser fijos, ya sea a causa de la genética o de lo vivido en nuestra primera infancia. A medida que practicamos de esta manera, se crean en el cerebro nuevos caminos neuronales. Tenemos cierto poder para forjar nuestro destino.

LA NEUROCIENCIA DE LA MEDITACIÓN

La cuestión es: ¿puede el mindfulness cambiar el cerebro de modo que nos ayude a tener una vida más satisfactoria? En el Laboratorio de Neurociencia Afectiva de la Universidad de Wisconsin, el profesor Richard Davidson ha estado investigando la neurociencia de la meditación durante prácticamente las dos últimas décadas.[81] Sus investigaciones sugieren que no solo se producen cambios importantes en el cerebro como resultado de la práctica, sino también que esos cambios están asociados a un mayor bienestar.

Davidson encontró la manera de medir lo feliz que es normalmente una persona analizando la actividad eléctrica de su cerebro mediante lecturas de encefalogramas. Tomó cientos de lecturas de diferentes personas y descubrió que cuando estaban disgustadas, ansiosas o deprimidas tendían a mostrar más actividad en ciertas áreas, especialmente en la corteza prefrontal derecha, que está situada justo debajo de la frente.[82] También descubrió que cuando la gente se siente más alegre presenta más actividad en la corteza prefrontal izquierda y menos en la corteza prefrontal derecha.

Davidson utilizó sus lecturas para predecir las tendencias del estado de ánimo normal de las personas: cuanta más actividad muestren en la parte derecha, más probabilidad existe de que tengan un punto de vista sombrío y de que huyan de determinadas situaciones, mientras que cuanta más actividad muestren en el lado izquierdo, más satisfechas tienden a estar, así como más inclinadas a interesarse por nuevas experiencias. Aquellos que despliegan una actividad extrema en el lado derecho es más probable que sufran una depresión clínica o un trastorno de ansiedad en algún momento de su vida.

Todo esto puede que apoye la idea de un índice fijo de felicidad. No obstante, ¿qué ocurre si alguien comienza a practicar la meditación mindfulness? Este tipo de entrenamiento implica aprender a «abordar» lo que está sucediendo en la mente y en el cuerpo con curiosidad e interés en lugar de evitarlo, de modo que ¿podría dicha meditación cambiar ese índice? Para averiguarlo, Richard Davidson trabajó junto con Jon Kabat-Zinn en su prueba de mindfulness con los oficinistas de Madison, en Wisconsin,[83] haciéndoles lecturas de encefalograma de los cerebros antes y después de que hubiesen participado en el curso de MBSR.

Antes del comienzo del curso, las lecturas de Davidson indicaban que determinados trabajadores se situaban en el extremo más infeliz de la escala; presentaban una mayor actividad en la corteza prefrontal derecha. Sin embargo, al llevar a cabo el entrenamiento de mindfulness no solo afirmaron sentirse más positivos y energéticos, más implicados en su trabajo y menos estresados, sino que las lecturas que se les realizaron en el cerebro también habían cambiado: mostraban más actividad en la corteza prefrontal izquierda y menos en la derecha. Al cabo de cuatro meses se les volvió a hacer la misma prueba; sorprendentemente, los cambios se habían mantenido. Esto era importante, ya que sugería que aprender habilidades de mindfulness, incluso solo durante un par de meses, podía tener un efecto sostenido en el funcionamiento cerebral.

La doctora Sara Lazar es otra neurocientífica que ha estudiado el efecto de la meditación en el cerebro, y sus estudios señalan que la práctica de mindfulness puede tener un impacto estructural. Utilizó imágenes de resonancia magnética para observar los cerebros de aquellos que habían practicado mindfulness durante muchos años y los comparó con los de otras personas que no habían tenido ninguna experiencia con la meditación.[84] Los resultados mostraron que aquellas áreas de la corteza cerebral asociadas con el procesamiento sensorial y el bienestar eran más gruesas en los meditadores, y no solo eso, sino que además, en aquellas personas que habían practicado más, la diferencia en el grosor de la corteza era aún mayor. Esto sugiere que la práctica del mindfulness pudo haber hecho que los cerebros de los meditadores ganasen musculatura, al igual que un programa de entrenamiento físico puede hacer que los músculos del cuerpo se desarrollen.

En un estudio posterior, Lazar y varios colegas demostraron que la estructura cerebral puede cambiar incluso durante las ocho semanas de un curso de mindfulness (con una media de práctica diaria de treinta minutos). Al hacer escáneres previos y posteriores, descubrieron que la materia gris había aumentado de densidad entre un uno y un tres por ciento en algunas partes de los cerebros de los participantes, lo cual afectaba a zonas que se sabe que están implicadas en el aprendizaje y la memoria, así como en la conciencia de uno mismo, la compasión y la introspección. En un grupo de control que no realizó el curso no se encontraron este tipo de cambios.[85]

EL HILO MENTAL

Las pruebas científicas indican que el mindfulness constituye una higiene mental básica: hace por la mente lo mismo que el hecho de lavarte los dientes hace por la salud dental. Por eso hemos titulado este apartado «El hilo mental», por analogía con el hilo dental. La mayoría de nosotros no dudamos en cepillarnos los dientes todos los días; aprendemos desde una temprana edad que si no queremos sufrir caries es esencial que nos los cepillemos con frecuencia. Pero

¿acaso descuidar los dientes es realmente peor que descuidar la mente? ¿No es extraño que le prestemos más atención diaria a cuidar el esmalte dental que a cuidar la mente? Todas las pruebas sugieren que la meditación nos ayuda a liberarnos de los pensamientos y de las ideas automáticas que a veces nos dominan, así como a cambiar nuestra experiencia hacia un mayor bienestar y satisfacción. Independientemente de lo mentalmente saludables o satisfechos que nos consideremos, ¿hay alguien que no se vaya a beneficiar con esto?

Ejercicio: *Mindfulness de la mente*

En este ejercicio dirigimos la atención al propio proceso del pensamiento; observamos el contenido de nuestra mente con conciencia, practicando el hecho de verlo desde una perspectiva de mindfulness.

PRIMER PASO

En primer lugar, relájate en el mindfulness de la respiración, tal como lo describimos en el capítulo 2. Dedica el tiempo necesario a cada uno de los pasos.

SEGUNDO PASO

A continuación dirige la atención a los pensamientos, percibiéndolos de la misma manera que cuando practicaste ser consciente de la respiración o de las sensaciones corporales. ¿Qué pensamientos tienes ahora? ¿Se están moviendo por la mente con rapidez o parece que se quedan detenidos durante un rato? ¿Hay unos cuantos tipos de pensamientos que predominan o que vuelven con frecuencia (y si es así, ¿son iguales todo el tiempo o cambian ligeramente, o tienes una gran cantidad de pensamientos que van y vienen y parecen no estar conectados? ¿Tus pensamientos parecen ligeros o pesados? ¿Hay espacios entre ellos? ¿Qué te parece prestar atención a los pensamientos de este modo?)

TERCER PASO

Cada vez que te des cuenta de que la mente se ha distraído y no está observando los pensamientos –quizás de repente te percates de que te has quedado atrapado en una idea o de que la mente se ha desviado (tal vez hacia un sonido o una sensación corporal)–, simplemente sé consciente de ello y vuelve a dirigir la atención suavemente a la observación de los pensamientos.

CUARTO PASO

Continúa trabajando con los pensamientos de este modo –como sucesos que vienen y van por la mente– durante el período que hayas determinado. Trabajar con los pensamientos así, con mindfulness, puede ser un reto; por lo tanto, es preferible practicar durante un breve período de tiempo dentro de una larga sesión. Puedes volver al mindfulness de la respiración o del cuerpo en cualquier momento; llevar la atención al cuerpo nos puede ayudar a centrarnos de nuevo cuando nos distraigamos con un pensamiento.

ANALOGÍAS PARA TRABAJAR CON LOS PENSAMIENTOS

Como estamos tan habituados a identificarnos con los pensamientos, a veces nos resulta difícil separarlos de la conciencia más amplia que puede observarlos. Hay varias analogías que nos pueden ayudar a hacerlo; quizás desees utilizarlas como visualizaciones cuando realices el ejercicio.

La naturaleza de la conciencia es semejante al cielo

La conciencia es algo que se describe a veces como «semejante al cielo», con pensamientos que pasan por ella como nubes. Puede que a veces las nubes parezcan oscuras y ominosas, y en otras ocasiones claras y algodonosas. Quizás el cielo esté totalmente cubierto o solo haya dos tenues rayas que cruzan el horizonte. Mientras flotan, las nubes están constantemente cambiando de forma y de aspecto. No obstante, sea cual sea el tiempo que haga, más allá de esas nubes nuestro cielo de conciencia siempre está despejado.

Mirar pasar los trenes

Trabajar con los pensamientos es como ver pasar los trenes en una estación. Podemos estar de pie en el andén y ver los trenes que llegan, se paran un rato y después cambian de vía y se alejan en la distancia. Cuando meditamos, practicamos ver pasar los trenes del pensamiento, sin saltar a los vagones. Cada vez que descubrimos que hemos saltado a un vagón y que nos está llevando lejos de la estación, podemos bajarnos otra vez y volver al andén.

En el teatro

Cuando vemos una obra de teatro o una película, nos sentamos en la butaca y disfrutamos de lo que ocurre frente a nosotros. No estamos desapegados de lo que ocurre en el escenario o en la pantalla, pero no tenemos que creer que lo que estamos viendo es real. De hecho, no intentamos participar en el diálogo. Del mismo modo, cuando estamos practicando el mindfulness de la mente permanecemos en nuestra butaca contemplando el espectáculo que los pensamientos nos están ofreciendo.

En la orilla del río

¿No te has sentado nunca a la orilla de un río a contemplar todo lo que pasa flotando? Puede que veas objetos que te interesen (peces, hojas o ramas de árbol) y otros que no te gusten (botellas de plástico sucias o aguas residuales). Observa qué reacción tienes hacia cada una de esas cosas —pensamientos— y contémplalas pasar, a veces como un hilillo y a veces como un torrente. En la práctica de mindfulness podemos estar de pie a la orilla del río de nuestra mente, viendo cómo pasan flotando pensamientos agradables, desagradables y neutros.

MINDFULNESS DE LA MENTE: SUGERENCIAS PARA TRABAJAR CON LOS PENSAMIENTOS
No intentes dejar de pensar

Hay un mito que dice que la meditación significa tener la mente en blanco o intentar detener los pensamientos. Pero los pensamientos no son el enemigo; el hecho de intentar detenerlos solo llevará a más lucha. En el mindfulness de la respiración o del cuerpo, trabajar con los pensamientos es como tener la radio encendida de fondo: puedes oírla, pero tu foco principal se sitúa en otra parte. En el ejercicio del mindfulness de la mente, le estás prestando atención, pero no te implicas en lo que está diciendo.

Sentirse abrumado por los pensamientos

Quizás cuando empieces a practicar el ejercicio sientas que albergas infinidad de pensamientos en la mente. Puede ser algo así como bajarse de una noria; al principio te sientes mareado, pero eso es solo porque has parado de repente de dar vueltas en círculo. Del mismo modo, cuando nos sentamos a meditar interrumpimos nuestra velocidad, y en la quietud podemos sentir que tenemos la mente más caótica de lo habitual. Pero eso no significa que estemos teniendo más pensamientos, sino que ahora somos más conscientes de ellos. Al igual que el mareo que sentimos al bajarnos de una noria se desvanece con el tiempo, cuanto más practiquemos la meditación más se asentará nuestra mente.

No juzgar los pensamientos

En la meditación, los pensamientos no se ven como «buenos» o «malos». Intenta cultivar una actitud de ecuanimidad hacia aquello que te pase por la mente cuando practiques. Observa los pensamientos con curiosidad, cordialidad y amabilidad, aun cuando no te gusten.

Aceptar que la mente quede atrapada por los pensamientos

Resulta tentador criticarnos cuando la mente se distrae del objeto de la meditación, pero es algo que le ocurre a todo el mundo; forma parte de la práctica. La distracción de la mente es una oportunidad para ser benévolo contigo mismo; ten en cuenta que si no se distrajera no serías capaz de practicar el hecho de traerla de vuelta. No te olvides de felicitarte a ti mismo de vez en cuando, en el instante en que adviertas que la mente no ha quedado atrapada. Ese momento en que te das cuenta es el momento de volver al mindfulness.

La experiencia de Jonty

Aunque no me consideraría una persona con un problema de salud mental, si le preguntas a cualquiera que me conozca te dirá que soy alguien que se angustia mucho. También soy un perfeccionista (parece que ambas cosas van unidas). Estos rasgos me acompañan desde hace mucho, y he pasado algún tiempo con un terapeuta explorando por qué soy de esa manera. Sin embargo, lo que me parece más importante es cómo relacionarme con esas características y qué impacto tienen en mi vida ahora mismo. A mí siempre me han parecido destructivas. El hecho de intentar constantemente hacer tantas tareas y tener que estar al frente de tantas cosas diferentes es estresante; es como estar siempre con el temor de que se te vaya a caer algo. No obstante, mis pacientes podrían considerar que son unas buenas cualidades: lo último que quiere ninguno de nosotros es un médico que nos olvide, que no compruebe los resultados de las pruebas o que se demore en enviarnos al hospital.

Con el mindfulness puedo ver más claramente qué es lo que me impulsa. Como proceso de introspección, me ha ayudado a identificar el papel que desempeño en el estrés que experimento y a ser dueño de dicho papel. Como muchos de mis pacientes, tiendo a concentrarme en lo que me hace sentir preocupado o infeliz en la vida, e intento cambiarlo: quizás necesite modificar mi programa de trabajo, quizás debería ver a más amigos, quizás necesite un trabajo nuevo, etc. Puede que todo eso sea cierto, alguna vez he pensado en ello, pero también es cierto que mi percepción de la situación contribuye a cómo me siento. El mindfulness me ayuda a percibir mi propia contribución al estrés y a trabajar con este, no criticando, sino con interés y aceptación. Esto me permite tratar de forma más clara con la realidad de la situación en lugar de dejarme llevar por respuestas automáticas e intentar culpar a los demás por el modo en que me siento.

La experiencia de Ed

Recuerdo claramente el día en que un psicoterapeuta me dijo que «observara mi experiencia». Tomé el autobús para volver a casa y, al poner en práctica su consejo, de repente fui consciente de que podía contemplar el trabajo de la mente desde la perspectiva de alguien ajeno. Era capaz de observarme subiendo al autobús y después sentirme a mí mismo viendo a toda la gente caminar por la calle. Podía observar la mente teniendo pensamientos sobre esos sucesos sin quedar atrapado necesariamente en ellos. Eso supuso una revelación para mí; fue mi primera experiencia consciente de metacognición.

Uno o dos años después, al cabo de varios meses de practicar la meditación, fui capaz de cambiar a ese modo más a menudo. Y la siguiente vez que me deprimí me relacioné con esa experiencia de una forma totalmente diferente. Sí, seguía sintiendo dolor; sí, mi mente seguía acelerándose; y sí, mis pensamientos continuaban girando por el escenario más negativo que podía existir. Pero ya no tenía que ser un participante activo en todo eso;

me podía desconectar de los pensamientos, emociones y sensaciones corporales y limitarme a percibirlos, por muy desagradables que fueran. Esto tuvo el efecto de reducir la punzada de la depresión, así como de impedirme añadir más leña a su fuego. Ya no estaba de acuerdo con los pensamientos que me decían «esto no va a terminar nunca» o «soy totalmente inútil», sino que podía dejar que se movieran por la mente y verlos como falsas percepciones y no como verdades objetivas. A medida que dejaba pasar los pensamientos que de lo contrario me habrían arrastrado al estrés, podía volver a mi cuerpo. A pesar de que eso pudiera suponer relacionarme con emociones dolorosas, también incrementaba mi sensación de quietud, equilibrio y totalidad.

No pretendo asegurar que el mindfulness haga que resulte fácil soportar una depresión, no es así, pero sé que, desde que practico, mis propios episodios se han vuelto más breves, menos frecuentes y menos dolorosos. Al igual que una herida en la piel se cura con más rapidez si no te rascas, la depresión parece pasar más fácilmente si soy amable conmigo mismo en lugar de enfadarme aún más. Quizás parezca ir contra la lógica, pero la depresión se suaviza si soy capaz de hacerme su amigo.

Capítulo 5

Mindfulness
de los sentimientos

Cuando creamos un espacio para sentir nuestros sentimientos, se aflojan las ataduras de la adicción que acortan la vida.

En las descripciones budistas de las causas del sufrimiento, lo que nos hace infelices es nuestra determinación de buscar el placer y huir del dolor, ya que esto nos conduce a comportamientos contraproducentes que empeoran la situación. La segunda noble verdad denomina a esto *apego*; hoy en día a menudo nos referimos a ello con el nombre de *adicción*.

No solo hablamos de la adicción al alcohol o a las drogas. Para algunos de nosotros consiste en trabajar hasta tarde para distraernos de la soledad; para otros, en ir al gimnasio de forma obsesiva, quizás para reducir la ansiedad por el envejecimiento del cuerpo. Hay personas que enloquecen por el trozo de pastel de chocolate que se toman con el café, por ir a toda velocidad por la autopista o por apostar a las carreras de caballos. Quizás tú seas adicto a quedarte todas las mañanas debajo del edredón lo máximo posible, o a broncearte para resultar más deseable a posibles amantes. O tal vez estés apegado a quedarte colgado frente al televisor o a prepararte el té con una determinada cantidad de leche.

No es que el hecho de ir al gimnasio, dormir la siesta, comer pastel de chocolate o beber una cerveza sea necesariamente negativo. El problema es cuando realizamos estas actividades compulsivamente para intentar manipular nuestra experiencia. Según el psicólogo John Bradshaw, la adicción es «una relación patológica con cualquier experiencia que altere el estado de ánimo, con consecuencias dañinas para la vida». Según esta definición, somos adictos cada vez que repetimos algo que se supone que nos va a hacer sentir mejor pero que en realidad al final termina haciéndonos daño.[86]

Vamos a poner un ejemplo: el tabaco. Los cigarrillos producen un breve alivio de la ansiedad. La entrada de nicotina en el cuerpo, el placer de chupar el filtro, el alivio de tener algo que hacer con las manos y la boca..., todas estas acciones crean pequeñas distracciones de aquello que está preocupando al fumador, ya sean los nervios antes de una entrevista de trabajo, el aburrimiento al esperar en la parada del autobús o alguna duda existencial acuciante («¿por qué estoy aquí, hacia dónde se dirige mi vida?»).

Sin embargo, esta estrategia no funciona a largo plazo. No podemos escapar de nuestro nerviosismo tan fácilmente; la incertidumbre y el cambio forman parte de la vida. Tal vez los cigarrillos nos distraigan de ella, pero a un alto precio.

Fumar mucho aumenta el riesgo de que padezcamos problemas de corazón, enfisema pulmonar, cáncer de pulmón y una amplia gama de otras enfermedades desagradables. Cada cigarrillo nos ofrece un breve alivio a las molestias del momento, pero también acelera algunas de las situaciones que más nos atemorizan, haciendo que la enfermedad y la muerte estén más cerca de nosotros. A pesar de las advertencias, en el Reino Unido uno de cada cuatro adultos sigue fumando, y ciento veinte mil personas mueren al año a causa de enfermedades relacionadas con el consumo de tabaco.[87]

Quizás tú no seas fumador; quizás lo dejaste hace mucho o no hayas fumado nunca. Eso es estupendo, pero ¿puedes afirmar con certeza que no tienes tendencias adictivas que crean una cortina de humo frente a tus sentimientos? Para algunos de nosotros es el alcohol: uno de cada tres hombres y una de cada cinco mujeres bebe habitualmente más allá de los límites recomendados, utilizando la bebida para calmar las emociones.[88] Para otros, se trata de la comida: más del veinticinco por ciento de los estadounidenses son obesos,[89] y muchos ocultamos nuestras emociones comiendo para sentirnos bien. Comprar puede ser también algo adictivo: derrochamos nuestro dinero en determinados objetos con la esperanza de que nos satisfagan, pero al final, una vez que el encanto de comprar ha pasado, nos sentimos vacíos.

Cuando adquirimos un abrigo nuevo, ¿lo hacemos para protegernos del frío o porque su calidez es un sustituto de lo que realmente queremos, quizás el abrazo de un amigo o de una pareja? Cuando nos sentamos concentrados en un juego de ordenador o viendo la televisión durante horas, ¿lo hacemos porque realmente nos gusta o para no tener que enfrentarnos a nuestro miedo a salir y conocer gente nueva, o a nuestra ira hacia un miembro de la familia o un compañero de trabajo? Podemos utilizar prácticamente cualquier actividad, cualquier tipo de acción impulsiva para distraernos de los sentimientos dolorosos que forman parte inherente de la vida. Puede que sea el sexo, la comida, los libros, el chismorreo o la marihuana. Tal como dice Pema Chödrön, «utilizamos todo tipo de cosas para escapar; todas las adicciones surgen del momento en que llegamos a nuestro límite y no podemos soportarlo».[90]

Nuestras estrategias para evitar los sentimientos no siempre son externas; estas tendencias también actúan en la mente y en el cuerpo. Nos resistimos corporalmente a las emociones desagradables igual que nos resistimos a otros tipos de dolores físicos; contraemos y tensamos la zona que nos incomoda, o tratamos de «poner la cabeza en otro sitio». En todos los casos, la resistencia, la distracción y el retiro tienen el efecto no deliberado de perpetuar nuestra angustia, a pesar de que nuestro deseo sea evitarla. De modo que terminamos más tensos e infelices.

Todos queremos ser felices; lo que ocurre es que las estrategias que tendemos a utilizar nos mantienen encerrados en ciclos de infelicidad. Si seguimos recurriendo a ellas, nunca aprenderemos habilidades más efectivas para sobrellevar los problemas que nos puedan ayudar a manejar mejor nuestras emociones.

¿Por qué, sencillamente, no detenemos estas acciones? Si las compras compulsivas vacían nuestras cuentas y hacen que tengamos la casa llena de trastos, ¿por qué no nos limitamos a lo que realmente necesitamos y gastamos el dinero en algo que de verdad nos haga sentir bien? ¿Por qué elegimos con tanta frecuencia beber, fumar, gastar, gritar, comer, analizar en exceso o trabajar obsesivamente si todo ello tiene consecuencias tan dañinas?

LA RESPUESTA PRESENTA TRES ASPECTOS

En primer lugar, no siempre vemos claramente lo que estamos haciendo; a menos que seamos conscientes de que nuestras tendencias adictivas son destructivas, no encontraremos una razón para dejarlas. Hasta que se comprobó la relación entre los cigarrillos y el cáncer de pulmón, había mucha menos conciencia del daño que el tabaco podía provocar en la salud. Puede que los fumadores pensaran que era un mal hábito, pero no eran conscientes de que les iba a matar, de modo que fumaba mucha más gente.

Normalmente se necesitan altas dosis de conciencia para convencernos de que necesitamos cambiar de costumbres. Aunque conozcamos los efectos negativos del tabaco, seguimos encontrando justificaciones para seguir fumando: «lo dejaré dentro de unos años, antes de que me cause ningún daño serio»; «mi abuelo fumaba y vivió hasta los noventa años»; «me gusta arriesgarme; me da igual morirme joven, con tal de divertirme»...

Lo mismo ocurre con el resto de nuestras adicciones. Decimos que bebemos porque nos gusta determinada fiesta, no porque nos sentimos ansiosos en las situaciones sociales, o compramos la ropa más cara porque creemos que tenemos mucho estilo, no porque el hecho de llevar ropa de marca nos dé la confianza que no tenemos. Hacemos lo que sea para evitar los sentimientos dolorosos. Buda decía que seguimos apegándonos al deseo por ignorancia o por falsa ilusión. En el lenguaje de la psicología occidental, esto se denomina «negación».

Aunque seamos conscientes de lo que estamos haciendo, no nos resulta fácil abandonar nuestras defensas. A pesar de que a la larga nos produzcan dolor, nuestros comportamientos adictivos pueden hacernos sentir algo mejor durante un rato. Posiblemente los cigarrillos enmascaren cierta ansiedad cuando estás fumando, al igual que conducir un coche puede hacerte sentir más vivo y poderoso cuando vas al máximo de velocidad por la autopista. En el momento en que abandonamos nuestras tendencias habituales, de repente quedamos expuestos a los sentimientos de miedo, tristeza, vacío o rabia que hemos estado intentando evitar. Y la mayoría de nosotros alberga muchos de esos sentimientos. Del mismo modo que la evolución nos preparó para el pensamiento «negativo» como modo de estar alerta ante las amenazas, las emociones desagradables que nos preparan para reaccionar ante el peligro son más comunes e insistentes que otras emociones agradables, como la alegría. Liberarnos de las adicciones significa tener que enfrentarnos a la ira o al miedo, y puede ser que no estemos dispuestos a ello. Cuanto más estresados estamos, más insistentes tienden a ser esas emociones y más difícil resulta enfrentarse a ellas; por lo tanto, más poder tienen nuestras adicciones sobre nosotros. Somos como ratas de laboratorio a las que se enseña a tomarse ellas mismas las medicinas: cuanto más nervioso esté el roedor, más utilizará esa droga para soportar el nerviosismo.[91]

También seguimos haciendo lo que siempre hemos hecho porque eso es a lo que estamos habituados; es el camino de la menor resistencia. Somos animales de costumbres, y si hemos pasado treinta años utilizando el café como herramienta para despertarnos por la mañana nos supondrá un esfuerzo eliminar nuestra dosis de cafeína; hacerlo significa volver a entrenarnos para comportarnos de una forma nueva. Esto resulta especialmente difícil si utilizamos sustancias o procesos que ponen a nuestro cerebro y sistema corporal en retirada cuando los abandonamos. También resulta complicado parar si nuestras adicciones son socialmente aceptables: ¿por qué tenemos que dejar de comprar, beber o ir corriendo a todas partes si eso es lo que hace todo el mundo? Cuanto más compartidos y reforzados por otras personas sean nuestros comportamientos adictivos —como lo son habitualmente en una cultura que promueve la gratificación instantánea—, más difícil será ir a contracorriente.

No obstante, afrontar nuestros sentimientos nos proporciona mayores recompensas que las que nos ofrecen nuestras adicciones. Es cierto que cuando dejamos de actuar compulsivamente nos abrimos a las emociones negativas en lugar de apartarlas. Pero al hacerlo empezamos a liberarnos de la rueda de hámster que supone evitar lo que no nos produce paz. No solo eso, sino que creamos un espacio interior para experimentar la viveza de la vida, incluidos los sentimientos de alegría, amor y conexión que también quedan reprimidos cuando huimos del dolor.

Al crear un espacio allí donde solían estar nuestras tendencias adictivas, nos liberamos de todos nuestros registros emocionales. En lugar de experimentar lo inerte de la adicción, empezamos a sentirnos más presentes a nuestra experiencia corporal siempre cambiante —el placer y el dolor—.

Dado que nos estamos abriendo, nuestras vidas comienzan a ser más ricas. Por el mero hecho de abandonar nuestras adicciones —al menos hasta cierto punto— podemos entrar en contacto realmente con la maravilla de nuestras vidas: la majestad del Sol al alba, el tacto de la piel del ser amado, el latido de nuestro propio corazón... Somos capaces de sentir todo esto en nuestro propio cuerpo. Incluso las denominadas «emociones negativas» pueden ser útiles, ya que nos ofrecen información importante que puede ayudarnos a trabajar con determinadas situaciones de forma intuitiva. La ira o el miedo que sentimos tal vez nos están diciendo que necesitamos apartarnos del daño o del maltrato; si nos cerramos a esos sentimientos, es más probable que nos quedemos atrapados en situaciones dolorosas.

El maestro de meditación tibetana Chögyam Trungpa Rinpoche describió nuestros intentos de evitar sentir como si estuviéramos construyendo un capullo.[92] En este capullo, cubierto por capas de gruesa armadura psíquica, nos sentimos a salvo, bien defendidos de nuestro dolor emocional. Sin embargo, también aleja la luz de la vida; puede que nos sintamos menos vulnerables dentro de nuestra concha, pero también sentimos claustrofobia, oscuridad y limitación.

Salir del capullo no significa expresar todos nuestros sentimientos. Cuando le mostramos nuestra furia a alguien, puede que pensemos que estamos realmente en contacto con nuestra ira, pero no es así.

Por el contrario, es más probable que nos sintamos excesivamente identificados con ella y, dado que no nos gusta, intentemos liberarnos de ella lo antes posible, descargándola en otra persona. Esto también es contraproducente: al volcar nuestras emociones en los demás, creamos infelicidad en todas las personas implicadas. La gente nos responde gritándonos o evita nuestra compañía, y nos quedamos con más sentimientos dolorosos con los que luchar, quizás de vergüenza y soledad, además de nuestra frustración.

SALIR DEL CAPULLO

Practicar mindfulness puede ayudarnos a salir del capullo. En la meditación no nos resistimos a nuestros sentimientos, pero tampoco nos identificamos con ellos. Por el contrario, practicamos el hecho de dirigirles la atención y estar con ellos. Cuando lo hacemos, podemos empezar a verlos más claramente y aumentar la capacidad de controlarlos. Creamos un espacio para trabajar de forma sabia con las emociones difíciles.

La práctica del mindfulness es un antídoto contra las fuerzas que mantienen vivas nuestras adicciones. En lugar de recurrir a un cigarrillo, a una explicación, a un bombón o a la billetera, abandonamos el apego y observamos lo que estamos intentando evitar. Nos damos cuenta de la ira que sentimos, e investigamos si es realmente tan intolerable que debamos descargarla en los demás. Percibimos la preocupación que tenemos e intentamos tratarla de forma cordial. Estamos con nuestra soledad y no intentamos inmediatamente racionalizarla o eliminarla.

En este espacio de ser, comenzamos a desarrollar de forma natural el hecho de estar más liberados de nuestros hábitos. Puede que incluso descubramos que las emociones pasan por nosotros y se disuelven, al igual que los pensamientos por la mente. A veces lo único que necesitamos es sentir realmente la emoción que está llamando nuestra atención y permitir que su energía se mueva por nosotros y se evapore.

DEJAR ESPACIO A LAS EMOCIONES PARA QUE RESPIREN

Estar con nuestras emociones y dejar que sean tal como son no es fácil. Nuestros hábitos están muy arraigados, y necesitamos una motivación para observar en lugar de reaccionar a los sentimientos y a las pulsiones intensas. Quizás por eso Chögyam Trungpa Rinpoche llamó a este fundamento «el mindfulness del esfuerzo» más que «el mindfulness de los sentimientos». Al hacer el esfuerzo de practicar mindfulness —no un esfuerzo tenso, sino paciente y amable—, se suaviza nuestra tendencia a crear un muro, y podemos empezar a experimentar la plenitud de nuestra vida emocional. Esto significa aplicar los mismos métodos que solíamos aplicar a nuestra respiración, sensaciones corporales y pensamientos, experimentando directamente nuestros sentimientos con curiosidad y sin juzgarlos. Al tomarnos el tiempo necesario para estar con nuestras emociones de este modo, comenzamos a comprender profundamente cómo funcionan.

Lo hacemos dirigiendo la atención a la expresión de los sentimientos, en su ubicación física. Una forma de empezar consiste en medir la temperatura emocional de tu cuerpo como un todo: en este momento, ¿estás experimentando alegría, ira, tristeza, miedo o quizás una combinación de todas estas emociones? Sea lo que sea, ¿puedes investigar el tono de la experiencia, las sensaciones y las cualidades energéticas, justo allí donde las estás sintiendo? ¿Notas calidez en el pecho, tensión en el estómago o un temblor en la cara? ¿O quizás ahora hay una especie de vacío, una textura emocional que no puedes discernir? Encuentres lo que encuentres, limítate a percibirlo; no tanto a pensar sobre la emoción como a sentir qué textura y qué cualidad ves en ella.

En el caso de que tengas opiniones sobre si es una experiencia «buena» o «mala», limítate a ser consciente de ella: cualquier tipo de aversión a lo que estés sintiendo, o no querer tener esa emoción, o desear librarte de ella, o, por el contrario, querer apegarte a ella o sujetarla con fuerza para que no desaparezca. Si te quedas atrapado en tus pensamientos sobre la emoción, limítate a darte cuenta de que tu mente se ha distraído y vuelve a dirigir la atención con cuidado al propio sentimiento, descansando en él, acercándote a él, aceptándolo, aunque parezca desagradable. ¿Qué ocurre cuando permites que la emoción sea tal como es, manteniéndola suavemente en la conciencia durante un período de tiempo? ¿Cambia de intensidad? Recuerda que no estamos intentando cambiar los sentimientos o crear ninguna experiencia concreta, sino simplemente discernir qué es lo que hay ahí, observándolo sin manipularlo, dejando que esté presente. Al entrar de esta manera en contacto amistoso con las emociones, abrazándolas como si abrazáramos a un niño que llora, abandonamos nuestra sensación de lucha. De modo que aunque puede que la experiencia siga siendo desagradable no la estamos agravando con nuestra resistencia. Esto crea el potencial necesario para transformar la experiencia del sufrimiento. Puede que empecemos a sentir que esa tristeza, miedo o ira en sí mismos no son problemas y que no tenemos que intentar eliminarlos, sino que podemos incluso atenderlos con la misma calidez y cariño que ofreceríamos a las emociones consideradas positivas. Tal vez descubramos que cuando sentimos incomodidad o dolor la conciencia que «conoce» la experiencia no tiene dolor. En un sentido mayor y más amplio, podemos permanecer en un estado de bienestar, incluso cuando estamos atravesando la más terrible agitación.

LOS SENTIMIENTOS, LA ADICCIÓN Y EL CEREBRO

La zona de nuestro cerebro que regula las emociones es el sistema límbico. El sistema límbico se desarrolló antes que otras partes del cerebro, como la corteza prefrontal, que está asociada a funciones más «elevadas», como la reflexión y la conciencia de uno mismo. La corteza prefrontal es proporcionalmente más grande en los seres humanos que en los animales; es una señal de nuestra relativa sofisticación.

No obstante, cuando estamos estresados el que trabaja es el más primitivo sistema límbico; en menos de un cuarto de segundo desencadena sentimientos de miedo o ira, lo que nos provoca la reacción compulsiva de luchar o huir. Desafortunadamente, cuanto más estrés afrontemos y más impulsivamente reaccionemos, más sensible se vuelve el sistema límbico; las neuronas que hay en él, como en cualquier otra parte del cerebro, se ven reforzadas por el uso. A nivel fisiológico, quizás sea ese el modo en que se arraigan nuestros hábitos.

Cuando se utiliza una sustancia adictiva, esta desencadena el «circuito de recompensa» del cerebro, que libera dopamina, un neurotransmisor que crea una sensación de placer inmediata. El que la utiliza puede que se sienta bien durante un rato, pero a esto le sigue una caída; el cerebro empieza a sacar menos partido de su propia dopamina y, sin la droga, puede sobrevenir un estado de depresión o ansiedad. Al haber almacenado el recuerdo de la actividad que parecía «resolver» este problema, hay partes del sistema límbico que desencadenan la pulsión y el deseo de consumir otra vez esa droga. Y así se empieza a crear el hábito. Otras actividades de búsqueda de placer, tales como la comida o el sexo, tienen un efecto similar (durante un período más largo de tiempo) si nos apoyamos demasiado en ellas.

Cuando practicamos mindfulness, estamos haciendo un planteamiento más evolucionado, al elegir deliberadamente implicar a la corteza prefrontal para regular el sistema límbico. Eso no significa que no experimentemos emociones desagradables, pero quizás no nos arrastren a reacciones que no nos resultan útiles.

Un estudio del laboratorio de Sara Lazar demostró que la amígdala, una parte clave del sistema límbico, a veces denominada «el centro del miedo del cerebro», disminuyó realmente de tamaño en algunas personas que asistieron a un curso de mindfulness.[93] *David Creswell y otros colegas suyos de la Universidad de California (UCLA) también descubrieron que las personas que viven en atención plena de forma natural presentan unas amígdalas menos activas, al mismo tiempo que muestran una mayor actividad en partes de la corteza prefrontal.*[94] *Otro estudio llevado a cabo por investigadores de la UCLA reveló que las personas que meditan tienen más materia gris en zonas del cerebro ligadas a la regulación de las emociones.*[95] *Al parecer, gozar de atención plena ofrece un modo de desconectarse de la reactividad del sistema límbico, lo cual nos ayuda a enfrentarnos a las situaciones de un modo más considerado y reflexivo. Esto podría explicar por qué un estudio realizado con trescientos cincuenta meditadores reveló que aquellos que más practicaban presentaban una mayor inteligencia emocional, así como niveles de estrés menores y una mejor salud mental.*[96]

Para liberarnos de los hábitos adictivos, necesitamos crear formas alternativas de trabajar con los sentimientos, las pulsiones y los deseos. El mindfulness nos puede ayudar, ya que al utilizar nuestra conciencia para observar y estar presentes en los deseos adictivos y las emociones difíciles atenuamos el instinto de reaccionar impulsivamente. Puede que sigamos experimentando sentimientos intensos y deseemos actuar de forma dañina, pero cuanto más practiquemos menos probabilidad habrá de que sucumbamos a ellos. Podemos empezar a reestructurar nuestro cerebro lejos de la adicción.

Cada vez hay más estudios que están demostrando cómo tanto el programa MBSR como el MBCT pueden ser útiles para tratar una amplia gama de estados emocionales desafiantes.[97] Y en los últimos años se han desarrollado muchos programas basados en el mindfulness específicamente para ayudar con hábitos adictivos y relacionados con los sentimientos.

La terapia dialéctica conductual (Dialectical Behaviour Therapy –DBT–) es un tratamiento que utiliza ejercicios de mindfulness para ayudar a tratar el trastorno de la personalidad fronterizo. Quienes sufren este trastorno a menudo están *demasiado* identificados con sus sentimientos, por lo que les puede resultar difícil controlar las emociones y, cuando estas son dolorosas, es fácil que estallen y actúen con comportamientos autodestructivos como modo de expresar su dolor. Si vivimos como esclavos de las emociones, actuando principalmente sobre la base del sentimiento, seremos fácilmente zarandeados por la ira, el miedo o la tristeza. Al resultarnos difícil contenernos, tenderemos a actuar irracionalmente. El elemento de mindfulness de la DBT se ofrece como un modo de aprender a no dejarnos dominar por la «mente emocional» sino, por el contrario, a relacionarnos con los sentimientos con una mayor sensación de conciencia, una cualidad que a veces se describe como «mente sabia».

Las pruebas de la DBT realizadas a mujeres con trastorno de la personalidad fronterizo han revelado que puede conducir a una reducción de las tendencias autodestructivas y del abuso de drogas, a un menor índice de intentos de suicidio y a hospitalizaciones menos frecuentes. También se ha demostrado que la DBT reduce los niveles de angustia e ira, y ayuda a las personas a adaptarse mejor socialmente y a incrementar su salud mental general.[98] Otras intervenciones en las que se ha aplicado el mindfulness también han demostrado ser útiles para ayudar a la gente a controlar la ira;[99] asimismo se descubrió que, entre un grupo de estudiantes universitarios, aquellos clasificados como poseedores de una mayor atención plena eran menos agresivos. Las personas con mayor atención plena tienen más conciencia, comprensión y aceptación de las emociones, y es menos probable que reaccionen impulsivamente a ellas.[100]

También se está utilizando el mindfulness para ayudar a individuos con adicción a determinadas sustancias. Hasta su reciente fallecimiento, el profesor Alan Marlatt fue el director del Centro de Investigación de Conductas Adictivas de la Universidad de Washington, y dedicó su carrera a trabajar con personas con problemas con el alcohol. Su primer encuentro con la meditación fue personal: su médico le animó a que la probara cuando al principio de su carrera le dijeron que tenía la tensión alta. Dado que le resultó útil, Marlatt leyó algunos estudios anteriores que demostraban que la meditación podía provocar una «respuesta de relajación», y pensó que eso podía ayudar a sus pacientes. Llevó a cabo algunas investigaciones para apoyar su intuición y descubrió que la meditación era tan efectiva como el ejercicio frecuente para reducir el consumo de alcohol, y que era más efectiva que la relajación muscular profunda o que períodos diarios de lectura sosegada.[101]

Posteriormente, comenzó a utilizar por primera vez la terapia cognitiva conductual para ayudar a prevenir la recaída entre los alcohólicos y drogadictos. El elemento clave para prevenir la recaída es ayudar a las personas a desarrollar habilidades que las ayuden a hacer frente a los problemas, que puedan utilizar cuando se produzcan situaciones de estrés, para sustituir la dependencia al hábito adictivo. El equipo del profesor Marlatt, inspirado por Jon Kabat-Zinn y aquellos que desarrollaron la terapia cognitiva basada en el mindfulness, pensó que un programa basado en esta práctica podía marcar una gran diferencia para quienes luchaban contra el alcohol. Marlatt y su equipo desarrollaron el programa «Prevención de recaídas en base a la atención plena o mindfulness» (Mindfulness-Based Relapse Prevention —MBRP—), que enseña la meditación como una manera de tolerar las pulsiones inevitables que empujan a las personas a actuar guiadas por sus adicciones.

El MBRP entrena a los participantes a interrumpir el hábito, observando y aceptando los deseos en lugar de dejarse arrastrar por ellos. Eso hace que aumente su confianza en su propia resistencia.

Al mismo tiempo que el profesor Marlatt estaba desarrollando su programa en Washington, el psiquiatra residente en Londres Paramabandhu Groves tuvo una idea similar. Él ya había empezado a enseñar la terapia cognitiva basada en el mindfulness a pacientes con depresión, y al poco tiempo se dio cuenta de que también podría ser útil para personas que abusaban de ciertas drogas. Hoy en día el doctor Groves lleva a cabo programas de MBRP como parte de su trabajo diario en el Servicio Nacional de Salud del Reino Unido y en Breathing Space, una empresa social que ofrece meditación en el East End londinense.

La experiencia de Charlie

Charlie es una mujer de cuarenta años que realizó un curso de seis meses en base al programa MBRP después de dejar el alcohol. Sin él, cree que no habría sido capaz de mantenerse sobria.

Charlie tuvo una relación difícil durante veinte años, y cuando esta terminó, su consumo de alcohol se disparó. Según recuerda ella misma:

—Se puede decir que me perdí a mí misma en la bebida y en la automedicación para sobrellevar las emociones.

Finalmente, aceptó someterse a un programa de desintoxicación, pero, al igual que ocurre con la mayor parte de consumidores de drogas, tenía muchos sentimientos negativos y emociones intensas:

—Luché mucho con el estrés y el deseo, y especialmente con mis pensamientos.

Al cabo de seis meses de tratamiento, se invitó a los participantes en el programa de recuperación a una jornada de puertas abiertas en Breathing Space, y Charlie acudió junto con la trabajadora social.

—Hablé con una de las personas que había allí, y me recomendó el mindfulness. Me dijo que me podía ayudar a sobrellevar mis pensamientos y algunos de mis sentimientos abrumadores.

Estaba abierta a probar la meditación; su madre solía practicarla y le resultaba útil, pero como Charlie era muy nerviosa no le resultó fácil empezar el programa.

—Al principio me resultó bastante difícil estar rodeada de gente que no conocía. No obstante, todos teníamos algo en común, así que eso me hacía sentirme segura.

A medida que el curso avanzaba, empezó a relajarse. Pasaron las semanas y fue notando algunos cambios «drásticos»:

—Era capaz de concentrarme más en las cosas y comencé a tener más seguridad, a sentirme más cómoda conmigo misma, a aceptarme.

Le resultó especialmente útil aprender a trabajar con los pensamientos y los sentimientos con el mindfulness:

—La meditación me ayudó a dejar que todo ocurriese en lugar de pensar en ello excesivamente. Antes tenía la mente siempre activa, siempre trabajando, lo cual es típico de las personas que sufren una adicción. Solía tener problemas para dormir, pero ahora puedo hacerlo con bastante facilidad.

El mindfulness también la ayudó a sobrellevar el ansia de beber:

—Soy capaz de soportar más fácilmente el deseo; sobrellevo este sentimiento en lugar de evitarlo. Al final, el deseo se convierte en otra sensación.

Después de dos años y medio, Charlie sigue utilizando las técnicas que aprendió en el programa:

—Practico cuando la mente empieza a correr, o cuando estoy analizando y pensando demasiado. Me llevo a mí misma al momento y me concentro en lo que estoy haciendo. Cuando tengo un sentimiento de pánico, puedo calmarme y relajarme con la respiración, volver a mi cuerpo, preguntarme cómo siento el suelo bajo los pies o qué emoción estoy sintiendo, en lugar de que la mente se distraiga de forma negativa. Puedes hacerlo cuando te cepillas los dientes, cuando te duchas o cuando vas en autobús.

Ahora la vida de Charlie está encarrilada, pero afirma que sin el mindfulness está casi segura de que habría vuelto a beber. Está formándose para trabajar con alcohólicos y drogadictos, y recomienda a menudo el programa MBRP a otras personas:

—Cada vez que conozco a alguien que está luchando contra la ansiedad, el deseo y los pensamientos negativos le recomiendo el mindfulness. A mí me ha ayudado a concentrarme en lo que quiero, y ahora me siento más cómoda y soy más sincera conmigo misma. El mindfulness es algo especial que forma parte de mí.

ABANDONAR LAS ADICCIONES

Hasta ahora solo se han llevado a cabo unos cuantos estudios sobre el MBRP, pero las primeras pruebas son alentadoras. Se realizó una con un grupo de personas que seguían un programa MBRP y se comparó con aquellos que estaban en un programa normal de desintoxicación de drogas y de alcohol. Al cabo de dos meses, los que habían aprendido a practicar mindfulness consumían drogas menos de la mitad de las veces que los que componían el grupo de tratamiento habitual. Después del MBRP, los participantes volvieron al grupo normal y las diferencias desaparecieron, lo cual indica la importancia de tener un apoyo continuo en la práctica.[102]

El mindfulness también se ha utilizado para ayudar a las personas a dejar de fumar. James Davis y sus colegas de la Universidad de Wisconsin ofrecieron a un grupo de fumadores un curso de reducción del estrés basada en el mindfulness; cuando experimentaban el síndrome de abstinencia, con síntomas como irritabilidad, garganta seca o dolores de cabeza, se les animaba a que percibieran esos síntomas sin juzgarlos, sino con cordialidad e interés. A pesar de que se les dio a los participantes una fecha en la que debían dejar de fumar, se les animó a no concentrarse demasiado en el «objetivo» de dejarlo, ya que se intentaba mostrarles un planteamiento de la vida en base a la atención plena. De los dieciocho participantes, cinco abandonaron antes de la fecha, pero de los trece restantes solo tres volvieron a fumar seis semanas después de la finalización del programa. En comparación, en el otro grupo al que se trató, solo una tercera parte seguía sin fumar al cabo de ese tiempo.[103]

El mindfulness también se utiliza para tratar algunos trastornos de la alimentación. Jean Kristeller, profesor de psicología de la Universidad del Estado de Indiana, ha desarrollado un programa llamado «Entrenamiento a alimentarse con conciencia basado en el mindfulness» (Mindfulness-Based Eating Awareness Training –MB-EAT–). Las personas adictas a la comida tienen tendencia a sobrellevar el estrés comiendo en exceso, a menudo atiborrándose de alimentos altos en azúcares o carbohidratos. Los trastornos de alimentación son adicciones especialmente difíciles de manejar porque, al contrario que las drogas o el alcohol, no podemos alejarnos completamente de la tentación, ya que todos necesitamos comer varias veces al día. Quienes se sienten arrastrados a atiborrarse tienen que encontrar un modo de enfrentarse a aquello que les provoca esa ansia sin sucumbir a los patrones habituales.

Al igual que ocurre con la meditación en posición sentada, el escaneo corporal y los ejercicios de movimiento, el MB-EAT incorpora una amplia gama de ejercicios de meditación diseñados para cultivar una relación con la comida en base a una mayor atención plena. Se trata de una progresión natural de los programas MBSR y MBCT, y el primer ejercicio consiste en saborear una pasa con plena conciencia. En una cultura en la que a menudo engullimos la comida de forma automática, la experiencia de comer con conciencia ilustra lo rica y variada que puede ser nuestra experiencia cuando le prestamos atención.

Ejercicio: *La prueba de la pasa*

Quizás quieras realizar tú mismo el ejercicio de la pasa. Las indicaciones son sencillas: toma una pasa y póntela en la palma de la mano. Centra toda tu atención en el objeto que tienes frente a ti, explorándolo como si nunca hubieras visto algo semejante. Siente su peso y percibe la forma que tiene, sus pliegues y hendiduras, investigándolo a conciencia desde todos los ángulos. Intenta hacerla rodar por la palma de la mano, o entre los dedos, o exponla a la luz: ¿cambian sus colores en función del ángulo de visión? Sintoniza con la sensación de la pasa cuando la sostienes. ¿Notas alguna zona dura, blanda, pegajosa o seca?

Cada vez que te distraigas de la pasa, tal vez porque pasas a pensar en lo que estás haciendo o en algo que en principio no está relacionado con ella, o bien porque empiezas a recordar otras ocasiones en las que has comido pasas, limítate a darte cuenta de que tu mente se ha distraído y vuelve a la pasa. Ahora acércatela a los labios, pero no te la pongas todavía en la boca. ¿Qué ocurre? ¿Tienes ganas de tragártela? ¿Empiezas a salivar anticipadamente? Colócatela debajo de la nariz durante unos instantes: ¿qué olor tiene?

A continuación, póntela en la lengua, pero intenta evitar el deseo de morderla; primero explora qué sensaciones te produce en la lengua y en las distintas partes de la boca, quizás dándole vueltas, sintiendo curiosidad por esta experiencia. Al cabo de unos momentos, muérdela una sola vez, prestando atención a las nuevas sensaciones que surgen, posiblemente un estallido de sabor. Sé consciente también de las opiniones que tienes: ¿es el sabor agradable o decepcionante? Quizás notes que tienes ganas de tragártela o de que te pone nervioso tener que hacer todo esto tan lentamente. O quizás te sientas realmente agradecido de estar saboreando la pasa de este modo, con plena atención. Sea cual sea tu reacción, mantenla conscientemente mientras sigues observando lo que ocurre. Mastica la pasa, pero con más lentitud de como lo harías normalmente. Nota qué sensaciones experimentas en la boca a medida que la desmenuzas en partes cada vez más pequeñas. Al final trágate la pasa y sigue su recorrido desde la garganta hasta el estómago. ¿Eres capaz de percibir el punto en el que dejas de sentir la pasa como algo separado de tu cuerpo?

COMER CON MINDFULNESS

Puedes practicar comer con mindfulness con cualquier comida: una cereza, un trozo de chocolate, un bocadillo o una comida completa de *gourmet*. Lo importante es masticarlo todo a velocidad de tortuga, permanecer en contacto con lo que está ocurriendo en tu cuerpo, tu mente y tus sentimientos mientras saboreas la comida. Puedes intentar comer de este modo una vez a la semana, o solo los primeros bocados de cada comida. ¿Puedes prestar especial atención a las sensaciones de hambre y saciedad en el estómago? Muchos de nosotros seguimos comiendo después de que nuestros cuerpos ya estén saciados; gracias al mindfulness sentimos realmente cuánta comida queremos y necesitamos.

A menudo la gente señala que cuando practica esta técnica empieza a apreciar la comida de una forma nueva. Se vuelven más presentes al sabor y a las texturas de los alimentos, a su aspecto e incluso al sonido que producen a medida que los muerden y los tragan. A veces hay personas que dicen sentir una apreciación creciente del origen de la comida y de todos aquellos que han participado para que llegue hasta ellas: los agricultores, los conductores, los empleados de la tienda y los chefs.

En el MB-EAT, los ejercicios de mindfulness con comida ocupan un lugar destacado. Al aprender a prestar plena atención a sus pensamientos y sentimientos mientras se alimentan, los participantes se vuelven más conscientes de los resortes mentales y emocionales que les pueden incitar a atiborrarse y se dan cuenta de cómo todo surge de forma natural, cambia y se evapora sin necesidad de que actuemos sobre ello. Esta es la base para apreciar la comida como una experiencia saludable y no como una actividad adictiva.

En una prueba llevada a cabo por Jean Kristeller y sus colegas, se ofreció un programa de MB-EAT a dieciocho mujeres a las que se había diagnosticado un trastorno alimentario compulsivo; de media pesaban ciento cinco kilos, y se atiborraban de comida al menos cuatro veces a la semana.[104] Al final del programa, el número medio de atracones semanales había bajado a entre uno o dos, y solo cuatro de las participantes continuaban mostrando síntomas lo suficientemente graves para ser considerados propios del trastorno alimentario compulsivo. Además, las mujeres aseguraron que se sentían menos deprimidas y ansiosas. Otro estudio entre más de cien comedores compulsivos reveló que aquellos que practicaban mindfulness eran capaces de reducir sus atracones de cuatro a uno a la semana.[105]

La experiencia de Eric

Eric tiene veintiocho años y es un hombre de negocios de éxito. Ahora pesa noventa y cinco kilos, pero no siempre fue así. Tiene un historial de gran ansiedad y su medio para escapar de ella era la comida, grandes cantidades de comida. Llegó un punto en que comía tanto que tenía que leer el peso de la balanza añadiendo más del doble de lo que esta marcaba. Según él mismo explica:

—La obesidad era la expresión de la ansiedad que sentía, la cual me debilitaba, y la comida tenía para mí un efecto sedante. Parecía aquietarme; hacía que pudiera soportar la ansiedad. Después de un largo día de trabajo, llegaba a casa y tenía que comer alimentos azucarados y ricos en almidón para sentir ese punto de calma. Solo algunas comidas concretas lo hacían; cuando tenían proteínas, como un filete con brócoli o algo así, nunca sentía esa sensación que estaba buscando para calmarme. Buscaba una especie de sedante, una anestesia.

La ansiedad de Eric se remonta a su infancia:

—Desde que tengo memoria, hasta que me marché de casa nunca dormía. Solía tener pesadillas en las que me raptaban; siempre tenía miedo.

Comer le ofrecía tranquilidad, pero a un alto precio:

—Hubo un momento clave, a los diecisiete años, en que estaba subiendo las escaleras del colegio. Eran solo dos tramos, pero cuando llegué arriba tenía el corazón acelerado; en esa época pesaba unos ciento noventa kilos. Recuerdo que miré desde arriba de las escaleras y pensé: «si quieres seguir viviendo, tienes que cambiar algo». Cuando comes tanto como lo hacía yo, en realidad estás destruyendo tu cuerpo.

Eric decidió adelgazar. Sin embargo, su lucha no había terminado. Intentó hacer ejercicio y dieta, pero no hubo demasiados cambios.

—La medicina occidental enfoca la batalla contra la obesidad solo recomendando comer menos y quemar calorías. Sin duda esa es una parte, pero no aborda realmente el problema principal. Para mí aprender qué comidas eran saludables, el cambio de comportamiento y el ejercicio eran cuestiones secundarias, porque seguía lleno de ansiedad, y eso era lo que me inducía a comer. Tratar eso era la parte crucial.

No obstante, Eric no podía ocuparse de la ansiedad, ya que todavía no sabía cómo funcionaba y por qué le impulsaba a comer.

—La autodestrucción operaba a un nivel tan subconsciente que ni siquiera me daba cuenta de que estaba ocurriendo. Cuando me metía montones de comida en la boca, en realidad no sabía qué era lo que estaba haciendo o por qué lo estaba haciendo. ¡Comía incluso antes de saber que quería comer!

Una amiga de su madre de dio un CD de mindfulness y finalmente empezaron a cambiar las cosas. Eric siente que al practicar mindfulness ha desarrollado «una conciencia que antes no tenía, una sensación de claridad». Eso le permitió darse cuenta de lo que su «adicción» a la comida le estaba causando. A través de la práctica ha abierto un espacio entre los pensamientos, las emociones y las sensaciones corporales que le desatan esta compulsión y el acto de atiborrarse. Ha sido capaz de soltar su habitual reacción automática al miedo y a la ansiedad.

—Ahora me alimento como consecuencia de tomar una decisión en lugar de hacerlo para cubrir una necesidad. Antes, no tenía ni siquiera la opción. Era casi como respirar; sentía como si tuviera que comer inmediatamente o no sobreviviría. Parece que ya no es así. Ahora comer ya no es una reacción; pienso conscientemente en todo lo que me introduzco en la boca. Sigo sintiendo el deseo, sí, pero ya no actúo de acuerdo con él. Soy capaz de manejar la ansiedad.

Para muchos de nosotros, la comida es uno de nuestros hábitos más peligrosos: los patrones disfuncionales del acto de comer matan a mucha más gente que otros menos aceptados socialmente, como la adicción a la heroína o al *crack*. No solo comemos cuando tenemos hambre, sino también cuando estamos solos, cansados o aburridos; entonces nos llenamos de calorías que en realidad nuestro cuerpo no necesita. La diabetes, la tensión alta, las enfermedades del corazón, la artritis y algunos tipos de cáncer pueden ser provocados por comer demasiado o por ingerir el tipo equivocado de comida.

Puede que no creamos que sufrimos un trastorno alimentario, pero la mayoría de la gente presenta los mismos patrones disfuncionales que caracterizan a enfermedades como la anorexia y la bulimia: nos damos un atracón porque hemos tenido un mal día de trabajo o una pelea, y después nos sentimos culpables porque nos preocupa engordar. Consumidos por la vergüenza, puede que nos autocastiguemos con una dieta estricta, que dura hasta que tenemos otro mal día en el trabajo u otra serie de sentimientos difíciles. Al llegar a ese punto, comienza de nuevo el ciclo.

Incluso cuando no nos estamos dando atracones ni estamos haciendo dieta, nuestros hábitos alimentarios tienden a ser mecánicos. En lugar de prestar atención a lo que nuestro cuerpo necesita, lo llenamos de basura. En lugar de saborear el olor, el gusto y la textura de lo que nos llevamos a la boca, la llenamos de comida, quizás a la vez que escuchamos las noticias, vemos un programa de televisión o contestamos a los correos electrónicos. Tal vez incluso comemos en la oficina, en la misma mesa de trabajo, o leemos el paquete de cereales mientras desayunamos. Cuando comemos así, estamos desconectados de la experiencia. No permanecemos en contacto con el cuerpo y no hacemos caso de las señales que nos envía sobre el hambre y la saciedad; tapamos inconscientemente los sentimientos —quizás de soledad, frustración y pena— de una forma que nos distancia de la vida.

Todos podemos beneficiarnos de comer poniendo en ello plena atención —un punto medio entre los extremos de atiborrarse y hacer dieta—. Cuando comemos con conciencia, prestamos atención a cómo nuestro cuerpo está antes, durante y después de la comida: ¿tengo hambre?, ¿le gusta a mi cuerpo esta comida o la necesita?, ¿ya he tenido suficiente? Nos volvemos conscientes de nuestros pensamientos y de todos los mensajes que contienen sobre la dieta. Puede que algunos sean positivos —«humm, estoy disfrutando del chocolate más que si lo estuviera comiendo a toda prisa»— y otros negativos —«¡mi madre siempre dice que parezco una vaca!; soy demasiado indulgente conmigo mismo»—. Sean como sean, debemos observarlos con una conciencia amable. Advirtamos los sentimientos que tenemos cuando empezamos a relacionarnos de forma diferente con la comida: ¿comer despacio libera sentimientos de ansiedad o de ira, o nos sentimos alegres al dedicar este tiempo a ahondar en el placer sensual de saborear? Realmente le prestamos atención a la propia comida, apreciándola como uno de los exquisitos placeres de la vida.

El objetivo de la práctica del mindfulness es amplio, al ayudarnos a trabajar con las adicciones y a relacionarnos hábilmente con las emociones. Ya se ha demostrado que las personas que se manejan con una mayor atención plena muestran comportamientos más sanos en relación con la dieta y el ejercicio,[106] e incluso existe evidencia de que la práctica del mindfulness puede ayudarnos con la adicción a adquirir posesiones. Una investigación de Kirk Brown, Tim Kasser y otros colegas reveló que las personas que gozan de una mayor atención plena son menos propensas a querer más de lo que tienen en términos económicos.[107] Esto significa que puede que sean menos propensas a implicase en la –a menudo infructuosa– búsqueda de la felicidad por medio de la adquisición de más riqueza o bienes materiales.

Independientemente de que aquello a lo que estés apegado –ya sea la heroína, internet, el dinero, el sexo, el tabaco, las relaciones, los helados o el éxito–, cuando utilizamos algo como medio para evitar la experiencia del momento en lugar de implicarnos en ella nos estamos preparando para un mayor estrés a largo plazo. Puede que no siempre nos sea fácil convivir con los sentimientos que albergamos, pero cuando lo hacemos experimentamos una liberación y podemos vivir de forma más flexible y plena.

Ejercicio: *Mindfulness de los sentimientos.*
Navegar por las olas de la emoción

La experiencia que nos ofrecen las emociones intensas puede ser como una ola que rompiera en nuestra mente y en nuestro cuerpo. Pueden tener un poder enorme, pero las emociones, al igual que las olas, surgen, se yerguen hasta un punto y caen..., pero se pueden surfear. Al navegar por las emociones —estando con ellas— a veces descubrimos que se disuelven más fácilmente que si les damos más energía cavilando sobre ellas o intentando reprimirlas con comportamientos adictivos. Este ejercicio puede ayudarte a navegar por las olas de la emoción; y una vez que hayas desarrollado tus habilidades como navegante, puedes utilizarlo cada vez que surjan en ti sentimientos, impulsos o deseos intensos.

PRIMER PASO

Comienza llevando tu conciencia al cuerpo como un todo. ¿Qué contenido emocional estás experimentando en este preciso instante? ¿En qué parte de tu cuerpo está localizado? ¿Son los sentimientos fuertes o más sutiles? ¿Cómo es la energía; como una pulsación, una onda, una ola o una vibración? Quizás tengas la sensación de que te estás tomando la temperatura emocional; un termómetro metafórico te da la lectura de cómo te estás sintiendo. Si no puedes identificar una emoción concreta en este momento, no te preocupes; percibe simplemente la ausencia de emociones. Si quieres continuar el ejercicio, puedes intentar visualizar una ocasión reciente en la que sintieras una fuerte emoción y prestar atención a lo que te ocurre en el cuerpo cuando lo haces. Alternativamente, puedes volver a la práctica cuando surja un sentimiento intenso.

SEGUNDO PASO

Si hay una zona donde las sensaciones sean particularmente intensas, lleva la conciencia a esa parte de tu cuerpo. Sitúa la atención en la sensación, tal como lo harías con la respiración o con cualquier otro objeto de meditación. La conciencia es la tabla de surf que puedes usar para navegar por las emociones. No luches con los sentimientos ni los reprimas; tan solo observa si puedes estar con ellos mientras se mueven por tu cuerpo. Sé amable con ellos aunque te parezcan desagradables.

TERCER PASO

Date cuenta de cómo cambia la sensación –o parece que permanece igual– con el tiempo. ¿Se está haciendo más poderosa o más suave? ¿Cambia su localización en el cuerpo? ¿Está empezando a convertirse en otra emoción? ¿Qué sientes al no actuar sobre el sentimiento y limitarte a observarlo, a estar con él? ¿Quieres ponerte de pie de un salto y hacer algo, tal vez llamar a un amigo, comer, ir a trabajar, ordenar tu cuarto...? Sé consciente de estos deseos y pulsiones sin juzgarlos como negativos o problemáticos. Intenta no actuar sobre ellos.

CUARTO PASO

Date cuenta de cualquier pensamiento que surja mientras estás con el sentimiento («no quiero sentir esto» o «quiero más de esto», por ejemplo). Quizás se trate de un guion conectado al sentimiento («¿por qué tiene que dejar siempre la taza en el fregadero en lugar de meterla en el lavavajillas?», «no puedo soportar otro día en esa oficina» o «¡ay, tengo que beber algo!»). No juzgues los pensamientos e intenta llevar la atención de nuevo al sentimiento. Si te resulta útil, puedes etiquetar la emoción, quizás diciéndote a ti mismo «aquí hay ira», «hola, tristeza» o «siento la urgencia de comerme un pastel ahora mismo».

QUINTO PASO

Si las emociones son muy intensas, no hay ningún problema si vuelves en cualquier momento a una sensación más general del cuerpo o a practicar el mindfulness de la respiración como una manera de anclar la experiencia. Si decides estar con la emoción, quizás puedas decirte en silencio: «no pasa nada. El sentimiento está ahí; no necesito echarlo. Puedo estar con él. Puedo sentirlo». Si quieres, puedes invitar la emoción a tu cuerpo, como si estuvieras invitando a un amigo a tu casa.

SEXTO PASO

A medida que abandonas el ejercicio, observa si puedes mantener algo de conciencia de la emoción por la que has estado navegando. Puedes comprobarla a intervalos regulares: ¿en qué parte del cuerpo está ahora?, ¿cómo ha cambiado desde que fuiste consciente de ella por primera vez?, ¿ha sido sustituida por alguna otra emoción? En la medida de lo posible, mantén la sensación con conciencia sin identificarte con ella o distraerte de ella.

MINDFULNESS DE LOS SENTIMIENTOS: SUGERENCIAS PARA LA PRÁCTICA

Volver a empezar

Cuando estamos con nuestros sentimientos con atención plena, estamos haciendo que enraícen nuevos patrones, y eso requiere tiempo; de hecho, el proceso de tener cada vez más habilidad con la práctica dura toda la vida. Si sucumbes al deseo, a la pulsión o al sentimiento, no es un fracaso, sino otra oportunidad para empezar de nuevo, para volver a la conciencia, igual que podemos volver a la conciencia cuando la mente se distrae. Puedes prestar atención al efecto que tiene actuar según los viejos patrones y compararlo con lo que ocurre cuando eres capaz de estar presente en tus emociones. Sé cordial contigo mismo; cuando las cosas se ponen difíciles, todos tenemos tendencia a volver a caer en los antiguos hábitos.

Sobrellevar una sensibilidad creciente

Al igual que hay algunas personas que afirman tener más pensamientos cuando empiezan a practicar la meditación, otras indican que sus sentimientos se intensifican. Probablemente esto se deba a que están empezando a contactar con su experiencia de forma más cercana. Si cuando practicas parece que los sentimientos se acumulan con fuerza, quizás signifique que te estás volviendo más consciente de ellos. Recuerda que esto también te permitirá experimentar y disfrutar más plenamente sentimientos agradables cuando estos surjan. Si las emociones que emergen en la meditación te parecen abrumadoras, posiblemente te ayude buscar el apoyo de un experto –un maestro de meditación, un psicólogo o un consejero– que te pueda guiar en este proceso.

Utilizar las distracciones

Otra forma de desarrollar la capacidad de estar con los sentimientos consiste en utilizar cualquier distracción natural que surja cuando practicamos. ¿Puedes aguantar el impulso de rascarte si te pica algo, de mover la pierna que te duele, de girar los hombros o de levantarte y prepararte un té? No se tiene que convertir en una sesión de tortura; simplemente juega con ello y observa si eres capaz de aguantar un poco más de lo que harías normalmente. Si decides rascarte o moverte, ¿puedes hacerlo con conciencia, llevando atención al deseo, a la decisión de responder a este y a la propia acción? De ese modo, responder a las sensaciones puede formar parte del ejercicio en lugar de suponer una interrupción.

No apegarse a la felicidad y a la calma

En ocasiones, en la meditación podemos experimentar sentimientos intensos de alegría, satisfacción, paz o amor. Estos sentimientos pueden ser agradables, pero ten cuidado de no apegarte a ellos; de lo contrario, cuando se desvanezcan correrás el riesgo de sentirte insatisfecho y frustrado. La auténtica felicidad no surge de apegarse a los sentimientos positivos, sino de practicar la ecuanimidad, incluso cuando nuestra experiencia sea desagradable. ¿Puedes permitirte disfrutar de las sensaciones agradables sin apegarte a ellas, percibiendo tus reacciones cuando (inevitablemente) cambien?

La experiencia de Jonty

Trabajo mucho en el campo del consumo de estupefacientes, normalmente con pacientes que tienen adicciones a drogas fuertes como el *crack* o la heroína. Pero en realidad casi todas las consultas giran en torno al cambio. Dado que cada vez sabemos más sobre las causas de la enfermedad, cada vez tenemos una mayor responsabilidad a la hora de cuidar de nuestra salud. Ayuda el hecho de abandonar todo aquello que contribuye a la enfermedad, como el tabaco, y hacer más para prevenir la pérdida de salud, por ejemplo hacer ejercicio con frecuencia y comer de forma saludable. Desafortunadamente, estos cambios son bastante difíciles de hacer. No habrá muchos de mis pacientes, si es que hay alguno, que no haya oído hablar de los riesgos asociados al sobrepeso. Y casi todas las personas que conozco con sobrepeso reconocen que es algo que necesitan cambiar y que quieren cambiar. También saben cómo perder peso; sin embargo, no es tan sencillo. Llevar la teoría a la práctica es difícil.

Muchos de nosotros nos quedamos siempre en el surco de nuestros propios hábitos malsanos. Es incontable el número de veces que he intentado iniciar una rutina de ejercicio, alimentarme de forma saludable, dejar de comer cada dos por tres las galletas que ponemos en la sala de espera de la consulta o apagar el televisor y leer un libro por la tarde, cuando llego a casa. Pero los hábitos malsanos que tengo son tan automáticos y cómodos que antes de que me dé cuenta he vuelto a caer en ellos. Lo que hace el mindfulness es ofrecer un puente muy útil y práctico para cruzar este vacío de ambivalencia; nos ayuda a recordarnos nuestras nuevas intenciones, sin culpabilidad, y nos motiva a cambiar porque queremos, no porque debamos. Nos permite darnos cuenta de cuándo hemos caído en patrones contraproducentes de pensamiento o de comportamiento, sin incitarnos a criticarnos ni a juzgarnos, y ver qué es lo que los provoca, mientras intentamos resisitir el impulso de actuar. Crea el espacio adecuado para tomar decisiones diferentes.

Ahora hago algunas de esas cosas que he mencionado (¡al menos a veces!), pero las hago porque quiero cuidar de mi cuerpo y de mi mente. He empezado a darme cuenta de cómo me siento cuando no me alimento de forma sana o no hago ejercicio con frecuencia, cómo afecta a mi nivel de estrés y a mi concentración. El mindfulness nos permite darnos cuenta de lo que nos estamos haciendo a nosotros mismos, de cómo ello nos hace sentir realmente, y después nos ayuda a abandonar los hábitos malsanos por medio de desconectar el piloto automático lo suficiente para hacer elecciones diferentes basadas en cuidar de nosotros mismos en lugar de conducirnos por la culpa o la inseguridad.

La experiencia de Ed

Dejar de fumar ha sido una de las mejores cosas que he hecho en la vida por mí mismo, y el mindfulness fue un elemento clave para lograrlo. Había adoptado ese hábito en la adolescencia, pero cuando tenía algo más de treinta años ya estaba completamente harto del olor, el coste, la tos y el daño potencial para mi salud. Había intentado dejarlo antes, pero nunca había conseguido hacerlo durante mucho tiempo; no era capaz de soportar la incomodidad de dejarlo el tiempo suficiente como para que el nuevo hábito de no fumar arraigara en mí. Sin embargo, al cabo de unos años de practicar la meditación, estaba dispuesto a intentarlo otra vez. Siguió sin ser fácil, pero esta vez no solo tenía la intención de dejarlo sino que también, en cierto modo, había desarrollado la capacidad de estar con las experiencias, aunque fueran incómodas. Los primeros días, cada vez que sentía el deseo de dar una calada inspiraba, prestaba atención a la sensación del deseo y navegaba por él, permaneciendo en el momento y no actuando a partir del sentimiento que se presentara. Al poco tiempo, el deseo de fumar cesaba, y me podía felicitar por no haber encendido un cigarrillo. A medida que pasaron las semanas, fueron remitiendo las oleadas de deseo, y ahora, después de seis años, casi no siento el gusanillo de la nicotina.

Sigo teniendo muchas tendencias adictivas; me puedo encontrar con muchísima facilidad comiendo, bebiendo, trabajando, corriendo o incluso leyendo libros como modo de evitar la vida, de alejarme de las emociones dolorosas. No obstante, siempre tengo elección: un vaso de vino puede ser una escapatoria o un placer plenamente disfrutado, dependiendo de si soy capaz de acordarme de implicarme en ello con atención plena o no. ¿Puedo beber lentamente, saboreando el vino y apreciando la embriaguez que me provoca sin excederme? No siempre, pero mucho más que cuando empecé a practicar. Afortunadamente, el mindfulness también me ha enseñado a abandonar la lucha por la perfección.

Capítulo 6

Mindfulness
DE LA VIDA

Abre los ojos y amplía la conciencia. El hecho de llevar el mindfulness a cada situación nos ayuda a actuar con mayor habilidad.

A menudo se piensa que la meditación es algo que practicamos para ayudarnos a nosotros mismos, una forma de mejorar la salud y el bienestar. Sin embargo, también se puede considerar que el mindfulness tiene implicaciones sociales, ya que constituye una contribución importante para hacer que el mundo sea un lugar mejor. Puede que a algunas personas esta idea les parezca extraña, especialmente a aquellas que la vean como una expresión de autoindulgencia. Estas personas plantean preguntas como las siguientes: «si quieres ser amable y compasivo, ¿por qué no te dedicas a ayudar a los vagabundos, en lugar de sentarte "sin hacer nada"? ¿Cómo vas a ayudar a los demás sentándote en silencio y observando los pensamientos y los sentimientos? Eso no es más que mirarse el ombligo, ¿no?».

Es cierto que los tres primeros fundamentos del mindfulness *están* centrados en aprender a relacionarnos de forma más efectiva con nuestra experiencia interna. Pero existen buenas razones para ello: si no generamos primero conciencia de nuestros hábitos y cultivamos la habilidad de trabajar con ellos, corremos el riesgo de continuar manteniéndolos, quizás inconscientemente. Puede que sigamos haciéndonos daño a nosotros mismos y dañando a los demás, aunque tengamos buenas intenciones. Chögyam Trungpa Rinpoche llamó de forma memorable a esta tendencia «compasión idiota»; nos creemos que estamos ayudando, pero en realidad estamos empeorando las cosas. Tal como señala el Dalai Lama, crear un espacio exterior depende en primer lugar de crear un espacio interior. Es algo parecido a los consejos que dan en los aviones en las demostraciones de medidas de seguridad: «en caso de emergencia, póngase la mascarilla de oxígeno antes de intentar ayudar a las personas que le rodean».

En el contexto relativamente estructurado de la práctica de la meditación, aprendemos a ver nuestros patrones de pensamiento y sentimiento, y cómo somos conducidos impulsivamente a ellos. Practicamos el hecho de estar con las experiencias en lugar de vernos arrastrados por nuestra necesidad de «hacer algo». No obstante, el hecho de que meditemos no quiere decir que tengamos que ser eremitas, que tengamos que alejarnos del mundo. Estamos practicando para vivir la vida; para realizar nuestro trabajo, estar con la familia y los amigos, cultivar nuestros intereses y desarrollar la habilidad de vivir con sabiduría y compasión. Al elegir dedicar un tiempo a la meditación, estamos creando las condiciones adecuadas en las que entrenar la mente y el cuerpo para poder estar presentes cada vez más el resto del tiempo.

A partir de ahí, podemos empezar a practicar el mindfulness en la vida diaria. De este modo somos como un niño al que le quitan los estabilizadores de la bicicleta: una vez que hemos aprendido a mantener el equilibrio en situaciones fáciles, estamos más dispuestos a ampliar el campo de atención e intentar practicar eso mismo en circunstancias más desafiantes. Esa es la esencia del cuarto fundamento del mindfulness: llevar la conciencia a todos los fenómenos, lo que en ocasiones se ha denominado «mindfulness de la vida». En este fundamento prestamos atención a todos los aspectos de nuestra vida, e integramos la experiencia interior del cuerpo, la mente y los sentimientos con la experiencia exterior de las relaciones, el trabajo y la comunidad. Al ser más conscientes de lo que ocurre en nuestro interior, tenemos más capacidad de usar esa información para trabajar sabiamente con lo que ocurre a nuestro alrededor.

De modo que mindfulness no significa moverse muy lentamente todo el rato o pasarse los días absortos en la meditación. A la larga, ni siquiera significa necesariamente «hacer menos»; mientras estemos prestando atención, podemos hacer todo lo que nuestra capacidad de estar atentos nos permita. Los deportistas de élite y las mujeres son los mejores cuando se trata de prestar atención totalmente concentrada a lo que están haciendo —el movimiento del cuerpo, la pelota que les llega por el aire...— y combinar esto con una conciencia más amplia y más abierta de lo que está ocurriendo en el ambiente que les rodea —la posición de sus compañeros de equipo, la localización de los palos de la portería...—. Esta combinación de concentración y apertura es la que les permite trabajar con el conjunto de la situación de forma efectiva; pueden interactuar con fluidez con lo que sucede a su alrededor. Es posible, y a veces deseable, hacer las cosas de forma rápida y decidida; si podemos llevarlas a cabo con mindfulness, también es probable que actuemos a nuestro máximo nivel.

Cuando ponemos conciencia en nuestras vidas diarias, estamos trabajando con dos cualidades, la atención concentrada y la conciencia abierta; encontramos una vía media que nos permite percibir al mismo tiempo lo que está ocurriendo en nuestro interior y en el exterior. La atención nos permite elegir cómo y dónde enfocar la mente, sin que nos arrastre cualquier ráfaga de pensamiento, sensación o distracción exterior, y la apertura nos permite recibir y procesar la información con ecuanimidad. Si prestamos atención a nuestras vidas de este «modo peculiar», tal como lo describe Jon Kabat-Zinn, podremos llevar nuestra atención plena a cualquier situación y responder a ella con cuidado y con calidez de corazón. La práctica del mindfulness no nos da respuestas fijas a cómo debemos responder a una determinada situación; sin embargo, nos ofrece un terreno de comprensión intuitiva que nos permite tomar nuestras propias decisiones acertadas basadas en toda la información que tenemos a nuestra disposición.

EL IMPACTO DE LA ATENCIÓN

La periodista Winifred Gallagher, en su libro *Rapt: Attention and the Focused Life* (editado en español por Urano con el título *Atención plena: el poder de la concentración*) investiga cómo el hecho de elegir los objetos a los que prestamos atención afecta a nuestras vidas. Describe cómo el bienestar no surge de ser rico o famoso, inteligente o guapo, sino, fundamentalmente, de ser capaz de darnos cuenta de aquello de lo que disfrutamos. Es como la historia de un hombre que tiene dos perros con tendencia a pelearse entre sí. Cuando le preguntan qué perro suele ganar la pelea, el hombre contesta: «¡Al que le doy de comer!». Lo mismo nos ocurre con la atención: si prestamos atención a los aspectos de la vida que nos hacen sentir bien y los cultivamos, seremos más felices; si, por el contrario, alimentamos nuestra negatividad y nos quedamos atascados en ella, es más probable que nos desanimemos.

Esto no significa que nos cerremos a las experiencias negativas; la reducción del estrés surge de usar nuestra conciencia más expandida para ver las cosas tal como son y convivir con las experiencias difíciles en lugar de intentar alejarlas. Pero mientras nos mantenemos en la experiencia con la conciencia abierta podemos utilizar nuestra capacidad de atención para darnos cuenta de qué actividades parecen producirnos satisfacción; puede que sea relacionarnos con las personas que nos rodean, el ejercicio físico, aprender algo nuevo o ayudar a los demás, todo lo cual se ha demostrado a través de la experiencia y de la ciencia del cultivo del bienestar. Al prestarles una atención plena podemos estar más sintonizados con las actividades que nos conducen a un mayor bienestar y, de ese modo, concentrarnos en ellas.

Los investigadores han llevado a cabo toda una serie de experimentos para comprobar si las prácticas de mindfulness pueden mejorar realmente nuestra capacidad de prestar atención. En la Universidad de Penn, Amishi Jha descubrió que, después de un curso de reducción del estrés basado en el mindfulness, personas que nunca habían meditado mostraban una clara mejora en su habilidad para concentrarse.[108] Jha también descubrió que los meditadores experimentados que hacían un mes de retiro después estaban más alerta. Al mismo tiempo, Heleen Slagter, trabajando con Richard Davidson en la Universidad de Wisconsin, averiguó que un programa de tres meses de meditación mejora la habilidad de las personas para detectar señales visuales que la mayoría de nosotros no advertiría. Esto indica que después de practicar intensamente lo normal es que percibamos mejor lo que está ocurriendo a nuestro alrededor.[109]

Por otra parte, en la Universidad de Kentucky, Bruce O'Hara indicó a un grupo de estudiantes que meditaran, durmieran o vieran la televisión, y que cuando él encendiera una luz en una pantalla apretaran un botón. Los estudiantes que habían meditado reaccionaron bastante más deprisa, mientras que los que habían estado durmiendo fueron los más lentos.[110] Y en la Universidad de California (UCLA) Eileen Luders y su equipo descubrieron que las zonas del cerebro más relevantes a la hora de prestar atención son mayores en las personas que meditan en relación con el grupo de control, sin experiencia en la meditación.[111]

Todo esto indica que al tonificar nuestra capacidad de atención con el mindfulness podemos elegir más conscientemente en qué nos queremos concentrar en lugar de ser tan esclavos de nuestros hábitos. Si equilibramos esto con una conciencia más abierta y más aceptadora, es menos probable que nuestros intentos de «centrarnos en lo positivo» se vuelvan angustiados o agresivos; cuando la mente se distraiga o intente apegarse demasiado firmemente, nos hallaremos ante otra oportunidad de practicar la suavidad y la autocompasión, de volver al equilibrio y empezar de nuevo.

PASEA SIN RUMBO FIJO

Una forma de practicar el equilibrio entre la atención concentrada y la conciencia abierta es pasear sin rumbo fijo. Esta actividad nos incita a abandonar el objetivo de «ir de A a B» que nos guía normalmente cuando nos ponemos en marcha, permitiéndonos, en cambio, prestar toda nuestra atención a lo que haya en nuestro camino. Al igual que observamos los pensamientos, sentimientos y sensaciones corporales sin juzgarlos, cuando paseamos sin rumbo fijo practicamos el hecho de sentir curiosidad por cualquier cosa con la que nos encontremos.

Para empezar, ponte de pie y empieza a andar en cualquier dirección que parezca llamarte la atención (siempre, claro, que sea un lugar seguro). Sé consciente de cualquier impulso que surja de convertir tu paseo en un viaje planeado, de cualquier intento de llegar a algún sitio, de acelerar o de cumplir una determinada tarea. Limítate solamente a estar presente en tu experiencia de caminar. Si la mente se distrae mucho, quizás te resulte útil prestar atención durante un rato a tus pies mientras caminas, sintiendo cómo suben y bajan a cada paso y cómo entran en contacto con el suelo. Una vez que te sientas más o menos centrado, permite que tu conciencia se expanda un poco más hacia el resto de la experiencia: sensaciones en otras partes del cuerpo, pensamientos y emociones, así como lo que percibas con la vista y el oído. Quizás quieras parar de vez en cuando y prestarle atención a algún objeto concreto que te encuentres, explorándolo más de cerca con la vista o escuchando cualquier sonido que produzca.

Cuando abandonas el aspecto de «hacer» en tu relación con el mundo, ¿cómo cambia tu experiencia? Al dirigir toda la atención a un coche que hay aparcado, en lugar de pasar corriendo por su lado, ¿percibes detalles que de lo contrario te habrían pasado desapercibidos? ¿Arañazos en la carrocería, reflejos en las ventanas, un limpiaparabrisas roto o un tique de aparcamiento? ¿Es posible que cada uno de estos detalles te resulten interesantes y curiosos, aunque en otra ocasión podían haberte parecido mundanos o haberte pasado desapercibidos? Puedes pasear sin rumbo por la ciudad, por un parque, por una alejada zona rural o por la playa –por donde te apetezca– durante diez minutos, media hora o más.

Por supuesto, pasear sin rumbo es otro ejercicio de meditación. Una vez que hemos saboreado este modo de relacionarse con el mundo «estando», podemos integrarlo en nuestras actividades cotidianas. En lugar de ser una escapatoria, el mindfulness se convierte en un medio para relacionarse con más habilidad con cualquier situación.

ACEPTACIÓN Y COMPROMISO

Esta actitud consciente a la hora de trabajar con la vida cotidiana se refleja en el nombre de un nuevo enfoque psicológico, la terapia de la aceptación y el compromiso

(Acceptance and Commitment Therapy –ACT–). La parte de la aceptación de la ACT refleja la importancia de los tres primeros fundamentos del mindfulness. Si queremos tomar decisiones sabias y no seguir automáticamente unas percepciones sesgadas y unos impulsos poco inteligentes, necesitamos comprobarlos con nuestro cuerpo, nuestros pensamientos y nuestras emociones. Entonces podemos practicar la aceptación de nuestra experiencia cuando sea desagradable o difícil y minimizar la cantidad de sufrimiento extra que creamos como reacción a ella.

Sin embargo, si lo único que hacemos es aceptar la experiencia todo permanece prácticamente igual. El segundo componente de la ACT es el compromiso, el deseo de implicarse en un comportamiento favorable. Al haber incrementado la conciencia y practicado la aceptación de lo que nos encontramos, la acción que realicemos puede estar guiada por nuestra inteligencia básica, basada en la información sensorial que recibimos. Podemos entrar en contacto con nuestra sabiduría inherente; podemos permitirnos confiar en que el hecho de conectar más profundamente con las circunstancias nos permitirá actuar con conciencia, en lugar de hacerlo de modo tenso y forzado o de una manera que nos distraiga de lo que necesitamos hacer. Somos capaces de ver y sentir más claramente qué es lo que nos conduce a un mayor sufrimiento y qué es lo que nos puede llevar a una mayor satisfacción.

Imagínate que tienes un compañero de trabajo difícil. Te critica constantemente, menosprecia tus habilidades, minimiza tus logros y atenta contra la confianza que tienes en ti mismo. ¿Cómo te puede afectar una situación así? Abórdala con el mindfulness del cuerpo, la mente y los sentimientos para percibir cómo te sientes cuando visualizas ese escenario. ¿Tienes un nudo en el estómago, te hierve la sangre? ¿Dónde están tus pensamientos? ¿Te crees las críticas? ¿Atacas mentalmente a tu compañero, menospreciándolo tú? ¿Te sientes enfadado, asustado o impotente?

Ahora, después de haberte tomado la temperatura interior de este modo, pregúntate: «¿cuál es para mí la mejor manera de trabajar con esta situación?». La respuesta o respuestas que surjan dependerán de tu propia personalidad y la de tu compañero de trabajo, de tu entorno laboral, de la actitud de tu jefe y de muchas otras variables. Sean cuales sean, al aproximarte a la situación con atención plena en lugar de reaccionar impulsivamente es mucho más probable que tomes una decisión acertada.

Mindfulness es aceptación *y* compromiso, dejar pasar *y* actuar. Aunque lo parezcan, no son estrategias contradictorias, ya que reflejan una integración potencialmente armoniosa de los modos de vivir «siendo» y «actuando». El hecho de aprender a *ser* nos permite *hacer* de forma más efectiva; cuando establecemos nuestras intenciones y abandonamos todo intento de hacer que todo se ajuste a nuestras ideas preconcebidas, la acción sabia comienza a surgir de forma más espontánea. A través de este proceso aprendemos a danzar con la vida.

MINDFULNESS PARA LA VIDA

¿Qué ocurriría si pudiéramos estar con atención plena cuando nos encontramos en un atasco, discutiendo, disfrutando de un bello atardecer, jugando al Scrabble, lavando la ropa, haciendo *footing*, en la consulta del dentista o sentados en una reunión de seis horas? ¿Podría ello realmente realzar esas situaciones, permitiéndonos conectar con nuestra experiencia y profundizar en ella en lugar de chapotear en su superficie? ¿Podría ser esa la manera de transformar nuestras vidas, en lugar de intentar siempre hacer que las cosas sean distintas? Es más, ¿podría ser esta también la manera de transformar el mundo? ¿Podría el mindfulness tener un impacto en la sociedad que fuera más allá de los confines de la «autoayuda»?

De hecho, el mindfulness nos lleva más allá de las limitaciones del yo; al conectarnos con una visión más amplia, nos muestra cómo podemos interrelacionarnos de forma fructífera con los demás. Esto es cierto aunque seamos la única persona de nuestra comunidad que practique meditación; en ese caso estaremos ayudando a los demás al ver las situaciones claramente y al tener menos tendencia a actuar impulsivamente cuando nos tocan el punto débil. No obstante, si empieza a practicar un grupo de personas, puede tener más efecto en la energía del ambiente: ya no contribuirán con sus hábitos a una serie de reacciones en cadena automáticas, sino que existirá un potencial para un cambio poderoso y consciente en el statu quo, alimentado y apoyado por la creciente conciencia, resiliencia y acción hábil de cada meditador.

El comportamiento humano es contagioso; cuando una persona comienza a manifestar una presencia más compasiva y valiente, es más probable que aquellos que la rodean adopten la misma energía.[112] No podemos hacer que los demás sean conscientes para que encajen en nuestros sueños de armonía (además, esa intención no se correspondería con el espíritu suave de la práctica); en cambio, podemos atraer su curiosidad por medio de encarnar nosotros mismos la práctica.

MINDFULNESS EN EL TRABAJO

El mindfulness ya está teniendo efecto en muchos entornos sociales. Por ejemplo, en el mundo laboral. Según la Asociación Americana de Psicología, más de la tercera parte de los estadounidenses afirman sufrir estrés en el trabajo.[113] Largas jornadas, jefes exigentes, proyectos difíciles, la presión de tener éxito, problemas en la relación con los colegas...; el potencial de estrés en el entorno laboral es enorme y nos afecta a la mayoría tarde o temprano.

Eso mismo ocurre en muchos países del mundo. Por ejemplo, en Transporte de Londres (Transport for London), una compañía que emplea a unas veinte mil personas que trabajan en las líneas de metro y autobuses de la capital británica,[114] se descubrió recientemente que las enfermedades relacionadas con el estrés constituían uno de los problemas de salud principales por los que los empleados solicitaban la baja. Como sabemos muchos de los que viajamos por las grandes ciudades en hora punta, los medios de transporte pueden ser lugares bastante estresantes; quizás eso sea especialmente cierto para aquellas personas que trabajan todo el día en ellos.

Para abordar esta cuestión, Transporte de Londres comenzó a ofrecer un curso de seis semanas para ayudar a los empleados que estaban lidiando con el estrés. El curso combinaba la enseñanza de prácticas de mindfulness con técnicas de la terapia cognitiva conductual. Entre los empleados que asistieron a él, en tres años se redujeron en un setenta por ciento los días de baja a causa del estrés, la depresión y la ansiedad. Las ausencias por otras cuestiones de salud se redujeron a la mitad.

Los participantes en el curso aseguraron que habían mejorado no solo en los niveles de estrés sino también en la calidad de vida; el ochenta por ciento afirmaron que habían mejorado sus relaciones; el setenta y nueve por ciento, que eran más capaces de relajarse, y el cincuenta y tres por ciento, que eran más felices en el trabajo.

Emerald-Jane Turner, la entrenadora que desarrolló el curso, señaló que a menudo los participantes indicaban que usaban las prácticas de mindfulness tanto en la vida personal como en la profesional: «Los participantes aprenden que tienen cierto control sobre sus respuestas, aunque haya cosas que escapen a él como, por ejemplo, lo que les pueda decir un cliente. Y a menudo aplican lo aprendido en su casa, y cuentan cosas como que cuando están hablando por teléfono con su excónyuge son capaces de desapegarse de la situación en lugar de empezar a discutir. A veces hacen progresos extraordinarios».

El mindfulness puede resultar especialmente útil para los jefes, no solo para controlar el estrés (tres cuartas partes de los ejecutivos aseguran que el estrés les afecta la salud, la felicidad y la vida familiar, así como los resultados en el trabajo),[115] sino también para promover un «liderazgo con mindfulness» que pueda permear toda una organización. De acuerdo con la escuela de negocios INSEAD, los programas de *coaching* para ejecutivos basados en la meditación hacen más probable que estos actúen de una forma socialmente responsable.[116]

Michael Chaskalson, especialista en ambientes de trabajo que ha realizado cursos de liderazgo en compañías como KPMG, PricewaterhouseCoopers y Prudential, describe cómo el mindfulness logra que el trabajo resulte más agradable, que sea una experiencia que recompense: «Al desarrollar una mayor conciencia puedes disfrutar de mejores relaciones con los colegas, ser más capaz de salir del estrés y desarrollar la atención. Puedes tener una atención mucho más plena; sea cual sea el problema, si eres más capaz de trabajar con el contenido de tu mente las cosas te irán mejor».

Quizás no solo mejoren para ti, sino también para tus compañeros y para tu empresa. En una prueba de terapia de aceptación y compromiso que se hizo en el ámbito de una organización, los participantes no solo consiguieron una mejor salud mental, sino que también mejoró su creatividad, tal vez como resultado de ser capaces de apartarse de los problemas y verlos desde la perspectiva más amplia que ofrece el mindfulness.[117] Esto implica estar presentes cuando tenemos la tentación de sentir pánico o de cerrarnos, escuchar las opiniones de los demás antes de saltar para demostrar que estamos en lo cierto y que ellos se equivocan, y cultivar el foco que nos ayuda a actuar de forma clara, calmada y decidida —todas estas son habilidades muy valoradas para un trabajo en equipo efectivo y en el liderazgo—. Cuando estamos presentes en el trabajo, al igual que en otros aspectos de la vida, nos abrimos más a las diferentes posibilidades, en sintonía con nosotros mismos y con los demás, y estamos dispuestos a actuar de forma ponderada. De hecho, otro estudio reciente sugirió que las personas que meditan con frecuencia toman decisiones más racionales.[118]

Con una atención más plena, los policías pueden darse cuenta de detalles de un caso que de otra manera les habrían pasado desapercibidos; los periodistas pueden escuchar mejor a las personas que entrevistan, percatarse de su propia parcialidad y elaborar un relato más equilibrado y preciso; los camioneros pueden circular de forma más segura si prestan más atención a su vehículo, a la carga que llevan y a los demás conductores. En cualquier trabajo que hagas te puede ayudar la práctica del mindfulness. Descubre cómo te puede ayudar a ti.

MEDITACIÓN «GOOGLEAR»

Algunas grandes empresas como Google se encuentran entre el número creciente de organizaciones que ofrecen entrenamiento de meditación a sus empleados. Durante los últimos años, Google ha desarrollado un programa de entrenamiento en inteligencia emocional basado en el mindfulness para sus empleados de las oficinas centrales, en California. El programa, denominado Busca en tu Interior, lo creó Chade-Meng Tan, un ejecutivo de la empresa que cree que la clave de una sociedad más feliz es una práctica más extendida de la meditación. Google ya aplica lo que puede considerarse una aproximación a la vida de oficina con mindfulness; además de trabajar en un ambiente espacioso y abierto, se anima a los empleados de la compañía a que pasen un día o una semana trabajando en un proyecto propio que les interese, con la expectativa de que la creatividad fluyendo libremente llevará a la innovación. Con el programa Busca en tu Interior, esta actitud se ha llevado un paso más allá: presenta la meditación como una tecnología mental basada en principios científicos, una manera de ejercitar la mente del mismo modo que el ejercicio físico ejercita el cuerpo. Además de charlas de importantes ponentes en el campo de la meditación, también se ofrece entrenamiento práctico —sesiones de dos horas de meditación seis veces a la semana, además de un día de retiro—, así como indicaciones sobre cómo adoptar un enfoque más contemplativo en el trabajo; por ejemplo, cómo escuchar más atentamente a los colegas o cómo enviar correos electrónicos con conciencia.

EL MINDFULNESS Y LAS PROFESIONES HUMANITARIAS

En el ámbito de las profesiones humanitarias, una atención más plena puede ser un maravilloso bálsamo curativo. Al fomentar una actitud atenta y libre de crítica, la práctica puede promover la capacidad de escuchar y responder de forma hábil a las personas que tienen problemas. A menudo quienes trabajan en cuestiones humanitarias son muy conscientes de la necesidad de herramientas que les permitan interactuar de forma efectiva con aquellos a quienes ayudan, además de lidiar con la gran presión que se ven obligados a soportar. En un estudio llevado a cabo por Michael Krasner, de la Universidad de Rochester, se constató que un curso de mindfulness de un año de duración para médicos redujo su agotamiento físico y mental, y también incrementó su capacidad de sentir empatía hacia los pacientes.[119]

Un estudio anterior de la doctora Shauna Shapiro, de la Universidad de Arizona, también reveló que un curso para estudiantes de medicina de ocho semanas les condujo a una mayor capacidad de sentir empatía hacia los pacientes, así como a reducir el estrés y la ansiedad que experimentaban.[120]

La empatía es crucial en el trato con el paciente por parte del médico; no solo cambia en gran medida la experiencia de los pacientes, sino que puede incluso afectar a las perspectivas de recuperación. Otro estudio reveló que los pacientes de psicoterapeutas a quienes se formó en mindfulness tuvieron mejores resultados que los de médicos que no habían recibido esa formación, lo cual pone de manifiesto que el mindfulness del médico se contagia a sus pacientes.[121]

En el contexto de la salud médica son importantes las habilidades técnicas y hacer un buen diagnóstico, pero en ocasiones la prisa a la hora de solucionar el problema o la burocracia y los trámites que hay que seguir pueden hacer que se pierda el valor terapéutico del mero hecho de escuchar. Formarse en mindfulness podría ayudar a los profesionales de la salud a estar más presentes con aquellas personas a las que intentan ayudar; les permitiría relacionarse con mayor frecuencia de una forma inherentemente sanadora. El mindfulness es sencillo y no cuesta nada aprenderlo, de modo que puede ser una forma efectiva de ayudar a sobrellevar la epidemia de enfermedades relacionadas con el estrés que satura nuestros sistemas sanitarios. Permitiría ahorrar dinero, mejorar los resultados y capacitar a los pacientes para que hiciesen un buen uso de sus propios recursos internos para la curación. Hoy en día, la mayoría somos conscientes de que el ejercicio físico contribuye a nuestro bienestar. Pues bien, ¿cuánto tiempo hará falta antes de que la meditación sea una recomendación habitual para optimizar la salud y una parte integral de los servicios que se ofrecen a quienes están sufriendo?

MINDFULNESS PARA LOS NIÑOS

No es necesario esperar hasta la edad adulta para enseñar mindfulness. Si realmente queremos cultivar los beneficios que pueden proporcionar las disciplinas meditativas, podemos dar prioridad a enseñar la meditación a una edad temprana, antes de que arraiguen demasiado los hábitos no saludables. Ya se han desarrollado varias iniciativas para permitir a los niños experimentar los frutos de la práctica del mindfulness. En Inglaterra, el Oxford Mindfulness Centre (OMC) y el programa Mindfulness en Colegios ofrecen cursos para niños y jóvenes en los que se enseña la meditación de una forma innovadora, atractiva y adaptada a su edad. El programa de mindfulness en colegios se llama .b (Punto Be), en referencia a los contenidos de los mensajes de texto que los alumnos se envían unos a otros, como recordatorio para que hagan pausas durante el día para practicar mindfulness.

Mark Williams, el director del OMC, señala que normalmente los jóvenes están abiertos a que se les enseñe mindfulness: «En cuanto intentan meditar, se dan cuenta de que es difícil, de modo que para ellos constituye un reto. Pueden sentir bastante curiosidad por saber la razón por la que resulta tan difícil mantener la mente concentrada». En los Estados Unidos se enseñan las prácticas a estudiantes a través de iniciativas como las que lleva a cabo la fundación InnerKids de Los Ángeles, con investigaciones que demuestran que incluso los niños pequeños con problemas de atención son más capaces de concentrarse una vez que se les han enseñado estas técnicas.

Otros resultados de la adaptación del curso de ocho semanas de mindfulness, la «Terapia cognitiva para niños basada en el mindfulness», han indicado que se pueden reducir en un alto grado problemas como la ansiedad y la depresión, así como el déficit de atención.[122] Y algunos estudios controlados de la Hawn Foundation's MindUP Programme, que enseña mindfulness como una habilidad central para el aprendizaje social y emocional, han demostrado que incrementa el optimismo y la sociabilidad de los más pequeños.[123] El programa ya se está aplicando en más de mil colegios de los Estados Unidos y está destinado a ayudar a los alumnos a reducir el estrés y la ansiedad, a desarrollar su capacidad de prestar atención y a que comprendan, observen y manejen la conexión entre las emociones, los pensamientos y los comportamientos.

Se cree que hasta el cinco por ciento de los niños en edad escolar de Inglaterra y Gales encajarían en el diagnóstico de trastorno del déficit de atención con hiperactividad.[124] ¿Acaso una perspectiva que fomente explícitamente la capacidad de prestar atención no sería útil no solo para esos niños sino para cualquier estudiante, dado que su capacidad de aprender está íntimamente relacionada con su capacidad de concentrarse? Un estudio experimental con niños y adolescentes basado en el mindfulness, realizado por Christine Burke y publicado en el *Journal of Child and Family Studies*, indica que así sería, ya que registra resultados positivos con niños a partir de la edad de escolarización en adelante.[125]

Algunos investigadores intentan actuar incluso antes. Mark Williams tiene grandes esperanzas en los partos y la crianza de los niños en base al mindfulness. Junto con la comadrona Nancy Bardake, que reside en California, su centro está investigando cómo esta práctica puede ayudar a las mujeres embarazadas y a sus parejas a sobrellevar el estrés asociado al hecho de tener un hijo. Williams señala que las clases de preparación al parto ofrecen una gran oportunidad para entrenar en mindfulness, porque «cuando vas a tener un hijo, es el único momento en que aceptas un entrenamiento sin sentir que sufres una patología; vas porque estás asustado, porque quieres obtener información y hacer lo mejor para tu hijo». Basándose en los resultados existentes de los programas con mindfulness, Williams y sus colegas esperan que este ayude a las futuras madres a superar el miedo y el dolor asociados con el parto, reduzca la posibilidad de la depresión posparto y permita que los padres establezcan lazos afectivos con sus hijos. Un estudio piloto controlado ya ha resultado prometedor; ha mostrado una reducción de la ansiedad y la depresión en las nuevas madres.[126]

Es más probable que los padres que sufren menos estrés se relacionen de forma más abierta, cariñosa y constante con sus hijos, y quizás haya menos probabilidades de que les transmitan hábitos inútiles que ellos mismos aprendieron durante su propia educación. Al transmitirles mindfulness, pueden ofrecerles la mejor oportunidad que puede tener un niño para desarrollar una relación flexible, amistosa y duradera con el mundo. La paternidad basada en el mindfulness no solo reestructura el cerebro de los padres, sino que también puede reestructurar el cerebro de los hijos de manera que les prepare para una vida plena.

RELACIONES CON MINDFULNESS

Trabajar, estudiar y ser padre son diversos aspectos de la vida que requieren cierta habilidad en las relaciones, y parecen verse realzados por medio del mindfulness. A través de estudios en los que, por medio de cuestionarios, se valora el mindfulness de las personas y después se les pregunta acerca de sus vidas, sabemos que quienes se manejan con una atención más plena disfrutan de relaciones más satisfactorias, presentan una mayor facilidad para comunicarse y menos conflictos con sus parejas, y son menos propensos a pensar en ellas de forma negativa cuando tienen una discusión.[127] También se expresan mejor en sociedad, son más empáticos y pueden identificar y describir sus sentimientos de forma más precisa, al igual que es menos probable que experimenten ansiedad social o que se vean afectados cuando las personas que les rodean tienen problemas. Existe una conexión entre el mindfulness y la inteligencia emocional, la cual está vinculada a fuertes habilidades sociales, a la capacidad de cooperar y de ver las cosas desde el punto de vista de la otra persona. Quien goza de una atención más plena es menos probable que reaccione poniéndose a la defensiva cuando se siente amenazado.

Daniel Siegel, autor del libro *The Mindful Brain* (*Cerebro y mindfulness*, Paidós Ibérica) presenta esta práctica como «una forma de sintonía intrapersonal». En otras palabras, nos ofrece la capacidad de comprender nuestra propia mente.[128] Cuando podemos ver nuestras propias tendencias y percepciones de forma más precisa, tendemos a comprender más a los demás. Desde este punto de vista, somos más capaces de relacionarnos con compasión y empatía, y sentimos que sabemos, al menos hasta cierto punto, por lo que están pasando las personas que nos rodean. Del mismo modo, cuando somos amables con nosotros mismos es más probable que seamos más amables con los demás. Dado que el mindfulness implica dejar de juzgar con dureza, aprendemos a renunciar a ver a quienes nos rodean en términos de buenos y malos; simplemente les vemos, sin entrar en nuestra tendencia a pensar que nosotros siempre tenemos razón y ellos siempre están equivocados (o viceversa). En lugar de disponernos a atacar a los demás o a defendernos, creamos una forma de comunicación interpersonal más abierta, más basada en el diálogo y en el encuentro de las mentes que en la lucha o la enemistad.

Al parecer, el mindfulness también mejora las relaciones de otras maneras. Debido a que cada uno de nosotros ve el mundo de un modo único, para desarrollar buenas relaciones debemos comprender de qué modo lo ven los demás. Por si trabajar con nuestra propia visión distorsionada de la realidad no fuera lo bastante complicado, tenemos que añadir la percepción de otra persona, que puede ser tan parcial como la nuestra, o incluso más confusa. Si podemos tomarnos el tiempo y el espacio necesarios para prestar atención a lo que nos ocurre cuando escuchamos el punto de vista de los demás, es más probable que no reaccionemos automáticamente a nuestros propios sentimientos de incomodidad con ataques impulsivos o retiradas instintivas. El hecho de estar presentes de ese modo solo puede aumentar la posibilidad de la comunicación compasiva.

Por tanto, en lugar de enfadarnos con nuestra pareja por alejarse de nosotros, quizás podamos recordar que esta es la respuesta habitual cuando uno se siente herido o algo le preocupa; entonces podemos tomar la decisión consciente de acercarnos a ella con mayor amor y cuidado, en lugar de sentirnos frustrados y presionarla. Mientras tanto, puede que ella sepa que cuando estamos ansiosos nos irritamos, por lo que tal vez haga un mayor esfuerzo para acercarse a nosotros, aunque tenga ganas de retirarse.

De este modo podemos abandonar interacciones que se podrían haber convertido en discusiones furiosas o en pulsos prolongados, y enfocarnos, por el contrario, en conversaciones más abiertas que nos aproximen. Podemos dirigirnos hacia nuestros seres queridos demostrando que hemos escuchado su punto de vista y lo reconocemos, y trabajar juntos a fin de encontrar una vía para seguir adelante que, en la medida de lo posible, satisfaga las necesidades de ambos. Podemos estar más presentes a lo que esté ocurriendo en nosotros, en los demás y en el entorno; esta apreciación intuitiva de la situación nos ayuda a responder a ella de forma más empática.

Esta forma de comunicación compasiva se encuentra en el centro del Refuerzo de las Relaciones a partir del Mindfulness (Mindfulness-Based Relationship Enhancement –MBRE–), una adaptación del programa MBSR cuyo objetivo es ayudar a las parejas a mejorar el modo en que interactúan y a sobrellevar de forma más efectiva las tensiones que se produzcan en la relación. Además de los ejercicios de meditación que constituyen el núcleo de todos los enfoques basados en el mindfulness, el MBRE pone especial énfasis en la comunicación con atención plena para desarrollar la empatía, la confianza y la intimidad entre las parejas. Según la investigación llevada a cabo en relación con este programa por parte de James Carson, de la Universidad de Carolina del Norte, el MBRE mejora la satisfacción y los niveles de cercanía y aceptación, y reduce las dificultades en la relación.[129] Por supuesto, esto no solo sirve para las parejas; cualquier relación interpersonal se puede beneficiar del hecho de que nos encontremos en un estado de atención plena. Practicar mindfulness puede reforzar nuestras amistades, nuestros encuentros con los vecinos, nuestras interacciones con los vendedores y con los profesores de nuestros hijos, etc. Cada vez que tengamos que relacionarnos con los demás, el mindfulness puede ayudarnos a que todo fluya de forma más suave.

La experiencia de Jane

Jane tiene cincuenta y dos años y es directora de una empresa. Oyó hablar del mindfulness a un coach al que solía consultar en el trabajo; acababa de ser ascendida a directora y le estaba resultando difícil.

—Nunca había dirigido un negocio antes, de modo que me resultó un poco cuesta arriba –explica–. Cuando acepté el trabajo, la empresa estaba en quiebra. No me había dado cuenta de lo que había asumido. Estaba muy estresada (también soy madre soltera) y necesitaba apoyo y alguna manera de relajarme.

Su cargo incluía un pequeño presupuesto dedicado a formación que podía gastar en lo que quisiera. Ella decidió hacer un curso de terapia cognitiva basada en el mindfulness.

—El curso fue fantástico; me encantó. Puedo reafirmar en mí misma mensajes como «los pensamientos no son hechos». Entiendo muy bien que no tienes por qué ir adonde te lleva la mente. En lugar de toda esa cinta transportadora de resentimiento e ira en la que quedaba constantemente atrapada cuando era joven, ahora puedo reconocerla y escucharla, pero no ir por ese camino.

Todo eso lo dice con conciencia; ahora tiene mucha más capacidad de sobrellevar la presión laboral:

—Estoy mucho más serena en la oficina y soy mucho más positiva, aunque mi trabajo siga siendo a veces muy estresante.

Jane también ha descubierto que el mindfulness puede ser una ayuda poderosa en las relaciones personales:

—Al principio pensé que la meditación simplemente me calmaría, pero empecé a leer acerca del mindfulness para la depresión y me di cuenta de que podía serme útil en un sentido mucho más amplio. Cuando mi pareja se marchó y me dejó con un niño pequeño, estuve cinco años muy deprimida. Hice terapia y creo que el mindfulness se ha sumado a todo ese trabajo. Desde que realicé el curso, mi ex y yo somos más amigos y nos tratamos mucho mejor, de modo que creo que ha contribuido a la muy difícil curación de esa relación. Dado que me siento mucho mejor y puedo cuidar de mí misma, también soy capaz de ayudar a las personas que me rodean.

Como sus padres murieron cuando era joven, la idea de que el mindfulness pueda ser una forma de autocrianza es algo que a Jane le interesa:

—Una de mis ideas más recurrentes es la de sentirme abandonada, especialmente si no tengo con quién quedar o algo que hacer. Pero puedo retirarme a meditar, y ese sentimiento de abandono desaparece. Sin duda, es como una forma de criarte a ti mismo en lugar de buscar a alguien que cuide de ti. Después del curso puedo decir que ya no me siento abandonada ni deprimida y sobrellevo mejor las cosas. Siento que puedo hacerme cargo de mí misma, mientras que antes me resistía a ello a menudo.

Jane no cree que la mayoría de las personas sean conscientes de lo importante que es controlar la mente, en especial en el frenético entorno de una gran ciudad:

—La gente va al gimnasio y está atenta a lo que come, pero no piensa muy a menudo en que tenga que ocuparse de su salud emocional. Como persona que vive en la ciudad, creo que habitamos en un mundo bastante hostil. El mindfulness nos muestra cómo darnos cuenta de lo positivo, como cuando se produce un intercambio amistoso en una tienda o en la calle. En el curso hay un ejercicio en el que se practica tomar nota de las experiencias agradables; a mí me gusta eso, tomar la decisión de darme cuenta de lo positivo de la vida.

UN MUNDO CON MINDFULNESS

Podemos ir expandiendo gradualmente el terreno de nuestro mindfulness hacia el exterior. Empezamos prestando atención a la respiración y después llevamos la conciencia al cuerpo, la mente y los sentimientos. Poco a poco podemos ser más conscientes de cada aspecto de nuestra experiencia: las relaciones con la gente que nos rodea, nuestro trabajo, nuestra comunidad o nuestra vida familiar. El potencial que tiene el mindfulness de causar un impacto solo está limitado por la capacidad de la gente de practicarlo, abrazarlo y permitir que impregne sus vidas.

El mindfulness podría transformar el mundo en el que vivimos si hubiera suficientes personas comprometidas con él como estilo de vida. Imagínate por un momento que no solo tú sino también todos tus amigos y familiares decidierais empezar a meditar. No serías tú el único que advertiría cómo las tendencias habituales se entrometen en el camino del bienestar y cómo el deseo y el ansia crean más sufrimiento. Puede que las personas que te rodearan se relajaran, empezaran a prestar atención a su experiencia y pudieran recoger los frutos de una mayor conciencia. Tal vez comenzaran a estar más relajadas y a discernir más. Quizás sus descubrimientos sintonizaran con tus propias visiones y te sintieras apoyado por tu entorno en lugar de desafiado por él. La energía del mindfulness podría ser más poderosa y, al tener más confianza, quizás os sintierais como grupo más capaces de resistir las presiones culturales que invitan a acelerar y a ser agresivos y materialistas. Puede que no os pusierais enfermos tan a menudo, que os sintierais menos estresados y más satisfechos la mayor parte del tiempo, y que fuerais más capaces de compartir las alegrías. Podríais regocijaros juntos en el milagro de ser.

Ahora imagínate que la noticia sobre los beneficios de la meditación mindfulness se extiende mucho, mucho más lejos. Imagínate que se enseñara a todos los pacientes de cualquier enfermedad. Imagínate que, en lugar de hablar del último cotilleo de los famosos, del último coche o de la última dieta para adelgazar, los periódicos y las revistas eligieran las historias que publican no de acuerdo con su capacidad para atraer nuestros impulsos de avaricia, miedo o ira, sino porque pudieran informarnos realmente sobre el estado del mundo, y ayudarnos a despertar la conciencia y la compasión. Imagínate que, en lugar de presionarles para que trabajaran cada vez más deprisa, los jefes animaran a sus subordinados a que dediquen un tiempo cada día a meditar, sabedores de que la auténtica productividad surge de unos empleados más serenos, con la mente clara y llenos de energía.

Imagínate qué posibilidades de paz habría si se enseñara mindfulness en todas las escuelas primarias y secundarias, de modo que los niños no aprendieran únicamente cómo aprobar los exámenes y alcanzar unos objetivos sino que descubrieran desde una edad temprana cómo «ser», insertado su aprendizaje en un marco de mayor compasión, creatividad y conciencia contemplativa. E imagínate, tan solo imagínate, que en lugar de gritar lo inútiles que son los miembros de la oposición los políticos se sentaran en meditación durante diez minutos antes de cada sesión del parlamento o del Congreso, deteniéndose para desconectar sus egos y percibir cómo sus propios hábitos inútiles de pensamiento y de sentimiento pueden influir en sus decisiones. ¿Podría esto cambiar la forma de gobernar desde la defensa y la confrontación hacia la colaboración y la cooperación?

¿Puedes imaginarte un planteamiento del cambio climático y ambiental en base a la atención plena, de tal modo que los gobiernos estuvieran realmente preparados para ser conscientes de esos problemas y eligieran renunciar al interés a corto plazo para afrontar las crisis planetarias de modo que todo el mundo saliera beneficiado? Quizás podrían servirse de las investigaciones que demuestran que las personas que gozan de una atención más plena presentan comportamientos ambientales más positivos y dejan una menor huella de carbono.[130] Imagínate, por último, qué ocurriría si los principios y las prácticas del mindfulness guiaran la vida y la cultura, y constituyeran así una base desde la que pudiéramos trabajar para construir el mundo feliz que todos queremos pero que nos resulta tan difícil crear.

Sin duda, no es algo que ocurriría de la noche a la mañana. El mindfulness es una cualidad que hay que cultivar; no un arreglo fácil. Ver la meditación como una cura milagrosa sería caer aún más en la trampa de las soluciones rápidas en la que a menudo quedamos atrapados. Sin embargo, si hubiera suficientes personas que se comprometieran con ella, poco a poco, con el tiempo, podríamos empezar a disfrutar del hecho de vivir en un mundo que abarcara el mindfulness. En ese mundo habría más conciencia, menos despistes y menos reactividad, ya que la progresiva expansión de la conciencia, la resiliencia y el discernimiento de cada practicante contribuiría al conjunto y se beneficiaría de él.

Los problemas globales parecen indisolubles a causa de su magnitud, pero en el fondo son creados y mantenidos por los mismos patrones automáticos y mecánicos de pensamiento, sentimiento y comportamiento que nos motivan como individuos, y podemos empezar a comprenderlos y a trabajar en ellos con la práctica del mindfulness. En todo el mundo, de forma lenta pero constante, hay un número creciente de meditadores en todas las esferas de la vida –abogados, policías, profesores, médicos, jefes de empresa, padres, políticos, economistas, entrenadores deportivos, trabajadores sociales, defensores del medio ambiente…– que están usando su práctica como terreno para compartir el don de la presencia con los demás.

En un mundo gobernado por las palabras y la actividad, plantar de ese modo las semillas del mindfulness probablemente será más útil que una gran cantidad de planes y promesas bonitas. No podemos «imponer» el mindfulness desde arriba, pero sí podemos invitar a las personas, incluidas aquellas que ocupan posiciones influyentes, a explorar la práctica de la meditación por sí mismas, a que investiguen si les resulta útil y, si es así, a que creen condiciones favorables para difundirla, por ejemplo haciendo posible que haya los espacios y los recursos necesarios para practicarla. Los resultados de la floreciente ciencia del mindfulness pueden animar a los escépticos a intentarlo; si les funciona, quizás también ayuden a que se extienda su práctica, y eso es algo que ya ha empezado a ocurrir. Una forma sencilla de comenzar puede ser hacer una pausa para la meditación abierta a cualquiera que desee participar antes de las reuniones laborales o escolares, las comidas familiares o las conferencias de los políticos.

Miles de años de experiencia y varias décadas de investigación demuestran que allí donde hay una mayor conciencia existe una mayor posibilidad de que florezcan la compasión, la sabiduría y el bienestar.

Esta es la razón por la que este no es solo un libro de autoayuda. No basta con ayudarnos a nosotros mismos; no somos entidades aisladas, y cuando el mundo continúa empujándonos en la dirección de la ceguera nos resulta mucho más difícil evitar caer en los viejos hábitos. Sin embargo, si podemos tener una atención más plena en nuestras propias vidas y, por medio de nuestro ejemplo, inspirar a otras personas a que también la desarrollen, pondremos en marcha un ciclo virtuoso que contrarreste el ciclo vicioso de la velocidad y la distracción que causa tanto estrés.

Esta es la esencia del mindfulness de la vida: una expansión natural de los ejercicios centrados en el cuerpo y la mente del individuo a una forma de ser más amplia que tiene en cuenta la interdependencia y la conexión que nos une a todos, y basada en la constatación de que ayudarnos a nosotros mismos significa ayudar a los demás. Lejos de ser una práctica autoindulgente, practicar mindfulness es una de las mejores cosas que podemos hacer para el bien de la comunidad.

Ejercicio: *Pequeña meditación para la vida diaria*

A medida que avancemos en la práctica, quizás descubramos que podemos abordar cada vez más situaciones de la vida con atención plena. Uno de nuestros mayores retos aquí es *recordar* esta atención. Así como cuando practicamos la meditación nuestra conciencia se distrae del objetivo una y otra vez, tenemos tendencia a olvidar prestar atención cuando nos enredamos en los entresijos de la vida. Sin embargo, al igual que podemos volver a la respiración o al cuerpo cuando esto ocurre en la práctica de la meditación, en el mindfulness de la vida podemos reconocer lo que ha ocurrido y volver a prestar atención a la situación a la que nos estamos enfrentando y llevar la conciencia suavemente una vez más a nuestra forma de ser.

Una herramienta que puedes utilizar para lograr esto es la siguiente pequeña meditación, que te lleva a través de los cuatro fundamentos del mindfulness, uno por uno: el cuerpo, la mente, los sentimientos y la vida. Dedícale un tiempo a cada paso (en total, el proceso puede durar de treinta segundos a cinco minutos, o más). Lo puedes practicar cuando estés en la oficina, en el tren, en el autobús o en la cola del supermercado; sin embargo, no es buena idea practicarlo cuando estés conduciendo, a menos que enfoques la atención de forma más superficial.

Al principio puede ser conveniente realizarla en momentos establecidos, quizás varias veces al día, para que te acostumbres a retomar la atención en medio de la vida diaria (puedes usar la alarma del móvil para recordártelo). También puedes usarla cuando te enfrentes a una situación especialmente desafiante, esos momentos en los que es más probable que recurramos al piloto automático. Esta práctica puede ayudarnos a asentarnos en la atención plena, a crear un espacio desde el cual podamos elegir responder con más habilidad.

PRIMER PASO

Adopta una postura relajada, recta, digna. Ya sea de pie o sentado, cultiva la sensación de tener confianza, de estar presente y despierto. Cierra los ojos o déjalos abiertos, lo que te resulte más conveniente en el lugar en que te encuentres. Presta atención a la respiración. Nota como ascienden y descienden el pecho y el abdomen a medida que inspiras y espiras. Conecta con el aire a medida que entra y sale. Permite que la mente siga la respiración, que la utilice como un ancla para afirmar y asentar tu atención.

SEGUNDO PASO

Amplía la conciencia a lo que está ocurriendo en tu cuerpo. Toma conciencia de todo tu cuerpo y de cualquier sensación que estés experimentando en este momento. Limítate a notar las sensaciones corporales; no las juzgues, ni intentes apegarte a ellas o eliminarlas. Si hay alguna zona en la que sientas una sensación más intensa, experimenta llevar el aire a ella con la inspiración y relajarla con la espiración.

TERCER PASO

Ahora presta atención a los pensamientos. Percibe qué es lo que está pasando por tu mente; observa los pensamientos a medida que llegan a tu conciencia, pasan y desaparecen. En lugar de apegarte a ellos o juzgarlos, acéptalos tal como son. Ten curiosidad por la experiencia y sé amable contigo mismo a medida que los observas: «¡ajá; esto es lo que está haciendo mi mente ahora mismo!».

CUARTO PASO

Dirige la atención a las emociones. ¿Estás sintiendo alegría, tristeza, ira, miedo o alguna combinación de estos sentimientos? ¿Cómo se expresan en tu cuerpo? ¿Dónde los sientes? ¿Están cambiando las sensaciones o permanecen iguales? Date cuenta de cualquier tendencia que tengas de crear un discurso mental sobre ellas y, en la medida de lo posible, vuelve a la experiencia directa de sentir.

QUINTO PASO

Expand la conciencia para abarcar toda la experiencia, incluido el entorno. ¿Qué ves, oyes, hueles? ¿Cómo están interactuando en este momento tu cuerpo, tu mente y tus sentimientos con la vida, con el espacio físico en el que te encuentras, con la gente que te rodea, con cualquier actividad que esté teniendo lugar en tu entorno?

SEXTO PASO

A medida que salgas de esta meditación, pregúntate: «¿qué es lo mejor que puedo hacer ahora?». Intenta ser sincero y escuchar la respuesta que surja de tu corazón. Permite que tu sabiduría inherente te guíe y permanece en la medida de lo posible con atención plena durante el resto del día.

CONSEJOS PARA MANTENER EL MINDFULNESS DE LA VIDA

Aquí tienes unas cuantas sugerencias para hacer que la experiencia de tu vida diaria sea más consciente:

Practica con las actividades cotidianas

Una buena manera de integrar el mindfulness en la vida diaria consiste en practicarlo con las actividades que realizas más habitualmente con el piloto automático. Haz el esfuerzo consciente de estar presente a medida que llevas a cabo tu rutina diaria: ducharte, vestirte, ir al trabajo, lavar los platos, hacer ejercicio o pasar el aspirador. Quizás descubras que el hecho de prestar atención a estas actividades diarias puede cambiar radicalmente la manera en que las experimentas. Lavar los platos con plena atención puede convertir una tarea rutinaria en una experiencia sensorial vívida (notar la suavidad de la espuma en las manos, apreciar el cambio de los platos de sucios a limpios, experimentar la sensación del trabajo bien hecho...). Date cuenta de cuándo estás perdiendo contacto con la respiración y el cuerpo, y practica volver ahí a cada momento.

Utiliza las situaciones difíciles como un reto para adquirir más conciencia

Puede resultar tentador pensar que algunas circunstancias son demasiado difíciles para aplicar el mindfulness: «hay mucho ruido», «esto es un caos», «es demasiado abrumador», «resulta muy doloroso»... Pero independientemente de lo difícil que sea la situación, se hará más o menos difícil según si la abordamos con conciencia o distraídos. Lo importante es seguir con el ejercicio y no juzgarnos a nosotros mismos por «fallar»; de hecho, el ejercicio será un éxito por el mero hecho de que lo realicemos. Simplemente lo hacemos lo mejor que podemos y nos felicitamos por ello.

Establece señales para practicar Mindfulness

Tradicionalmente, los gongs y las campanas señalan el comienzo de la sesión de meditación. Tú puedes convertir los sonidos de la vida cotidiana en recordatorios para tu mindfulness. En la medida de lo posible, habitúate a percibir la respiración, las sensaciones corporales, los pensamientos y las emociones cuando suene el teléfono, cuando oigas el sonido de un coche, cuando enciendas el ordenador o cuando suene el despertador por la mañana. Si estás acelerado, utiliza estas señales para ralentizar lo suficiente para volver al momento presente.

Practica la comunicación con atención plena

Procura escuchar atentamente a los demás cuando te estén hablando. Sé consciente también de qué sensaciones corporales tienes cuando escuchas. Advierte cualquier tipo de resistencia, tensión o pulsión por controlar la conversación: ¿puedes estar presente para ti mismo y para la otra persona, creando un espacio para una respuesta que surja del cuerpo y no solo de la cabeza?

No dejes de hacer la práctica estructurada

Por mucha habilidad que desarrollemos, es importante volver una y otra vez a los ejercicios más estructurados, si es posible, reservándonos un tiempo cada día para practicarlos. Del mismo modo que necesitamos seguir haciendo ejercicio físico si queremos estar en forma, el hecho de mantener una práctica de meditación parece ayudarnos a refinar nuestra atención. No te fustigues si no practicas durante un tiempo; simplemente date cuenta de ello y observa si puedes empezar de nuevo sin criticarte.

La experiencia de Jonty

Los médicos tenemos mucha suerte. No dejes que nadie te diga lo contrario. El nuestro es uno de los trabajos más satisfactorios que puede haber y, a pesar de ello, una cuarta parte se plantea jubilarse antes de tiempo; de ellos, la tercera parte asegura que la razón es el estrés. Yo solo llevo trabajando como médico de familia unos diez años y me encanta, pero no tengo la menor duda de que a veces estoy bajo una presión considerable. Atender a los pacientes es un trabajo difícil. A veces no apreciamos lo generosos que son nuestros amigos y nuestra familia por el mero hecho de escucharnos. Realmente prestar atención a otra persona exige un esfuerzo –estar con ella, escuchando no solo lo que está diciendo sino también lo que *no* está diciendo, y después intentar ayudarla con la dificultad que esté teniendo, es una tarea difícil–, especialmente si tienes que hacerlo con treinta o cuarenta personas al día. Si a eso le añades las demandas habituales que conlleva un negocio –encargarse de los empleados y mantener las instalaciones, mientras desde arriba se imponen cambios constantes– te darás cuenta de que las presiones son muchas, sobre todo si, como yo, no llevas muy bien la incertidumbre.

No tengo ninguna duda de que mi necesidad de perfección y mi relativa rigidez hacen que me resulte más difícil soportar estas demandas. Como muchos médicos, me gusta resolver problemas, ya sea los de mis pacientes o los propios. Al igual que un perro con un hueso, me resulta muy difícil dejar algo que me está molestando. Normalmente, cuando me ducho por las mañanas estoy pensando en asuntos laborales, y tengo fama de salir tarde de trabajar, nunca antes de asegurarme de haber terminado todas las tareas del día. Aunque quizás no suene muy divertido, en sí mismo no es un gran problema, pero, por supuesto, no termina aquí. Mi búsqueda de la perfección se extiende a mis expectativas con respecto a los demás, lo que me lleva a la frustración y a la crítica. Esto puede dañar potencialmente las relaciones con mis amigos, mi familia, mis colegas de trabajo e incluso mis pacientes.

En el trabajo, el mindfulness me ayuda no solo a atender a mis pacientes de forma más sincera, sino también a percibir cómo los mecanismos que empleo para sobrellevar las situaciones contribuyen a mi propio estrés y al de las personas que me rodean. Poco a poco me he vuelto más consciente de lo que creo en mi vida, tanto dentro de mí como fuera. A pesar de que el cambio no es fácil, al menos el hecho de darme cuenta de cómo contribuyo al estrés me da la oportunidad de hacer las cosas de forma diferente.

La experiencia de Ed

Existe una larga tradición de meditadores eremitas, gente que se aleja de los demás y pasa largos períodos de su vida practicando por su cuenta. Se considera una actividad noble: estás trabajando mentalmente para poder desarrollar una mayor compasión y sabiduría, en lugar de contaminar el mundo con tu confusión. Sin embargo, a veces también se dice que la iluminación solo puede llegar cuando te comprometes a ayudar a los demás. A veces he usado la meditación para huir de la vida: ¡qué lujo poder dedicarme tiempo en un lugar tranquilo, un tiempo en el que presto atención a la respiración en lugar de enfrentarme al caos del mundo exterior! Pero también sé que la meditación no consiste realmente en eso y que gran parte de la alegría de la vida proviene de relacionarse con los demás; a mi parte extrovertida le encanta estar con gente.

A pesar de que conservar la atención plena en las relaciones es un reto para mí, vale mucho la pena. Me doy cuenta de que tiendo a querer tener siempre la razón y de que temo que me critiquen, y me permito permanecer abierto a pesar de que normalmente suelo cerrarme. He descubierto que mis relaciones funcionan mejor cuando estoy dispuesto a escuchar el punto de vista de las otras personas sin considerarlo una amenaza. Ahora soy mucho más consciente de «la tendencia negativa» de mi mente, que tiene la costumbre de interpretar las reacciones de los demás con miedo, como si constituyesen realmente una amenaza, y soy capaz de recordarme más a menudo que quizás mi punto de vista no sea la verdad absoluta. La práctica de la meditación me ha ayudado a permitirme tener más espacio en el cuerpo, la mente y la vida. Aunque a veces vuelvo a los viejos patrones de tensión y resistencia, tengo a cada momento la posibilidad de volver al corazón abierto del mindfulness. Me escaneo a mí mismo siempre que me acuerdo, pues sé por experiencia que eso me permite elegir un camino que sea útil para mí y para las personas que me rodean. Es un trabajo progresivo; un viaje continuo de aceptación y compromiso. El hecho de darme cuenta de eso me ofrece otra oportunidad de ser amable conmigo mismo.

Capítulo 7

El manifiesto del mindfulness

¿Qué sientes ahora al «ser»? Puedes volver a intentar realizar el ejercicio del capítulo 1; deja el libro y observa qué es lo que surge. Puede que experimentes estados de mente, cuerpo y sentimientos similares a los de antes, pero si has estado practicando mindfulness quizás estés empezando a relacionarte con ellos de forma diferente. Tal vez sientas que no estás tan identificado con tu experiencia; acaso la percibas con un poco más de amabilidad y compasión y la critiques menos. Quizás seas capaz de estar con lo que ocurre un poco más, sin reaccionar inmediata e impulsivamente, o puedas vislumbrar incluso algunos caminos para seguir avanzando en la vida, basados en tomar decisiones sabias desde una posición de mayor claridad y fuerza.

UNA FORMA DE SER

Los experimentos llevados a cabo por Norman Farb, de la Universidad de Toronto, parecen confirmar que el mindfulness nos puede ayudar a relacionarnos con la vida de forma más flexible, puesto que realza nuestra capacidad de ser.[131] Utilizando técnicas de imagen por resonancia magnética, Farb y sus colegas identificaron dos redes cerebrales, cada una de ellas activada por una manera diferente de relacionarse con el mundo. Una red parece conducir el modo «hacer»; la parte de nosotros que es guiada por narrativas y conceptos. Pone en funcionamiento zonas del cerebro tales como la corteza prefrontal media y el hipocampo, y al parecer se activa cuando estamos hilando historias sobre nuestra vida, pensando en planes para el futuro o cavilando sobre el pasado.

La otra red está más basada en la experiencia, y se activa cuando prestamos atención a las sensaciones de las cosas tal como son; corresponde de alguna manera al modo «ser». Al parecer, cuando funcionamos de esta manera se activan otras partes del cerebro, tales como la ínsula, que está relacionada con la experiencia de las sensaciones corporales, y la corteza del cíngulo anterior, conocida por su papel en la regulación de la atención. Farb y sus colegas descubrieron que la gente que ha aprendido a practicar mindfulness tiene una mayor habilidad para cambiar conscientemente de una de esas dos redes a la otra, mientras que los que no han recibido un entrenamiento en meditación es más probable que utilicen automáticamente el modo «hacer». Por lo tanto, gracias al mindfulness tenemos más oportunidades de elegir con qué modo queremos relacionarnos con el mundo; podemos entrenarnos tanto para ser como para hacer.

El mindfulness es un modo simple, factible y poderoso de abordar la vida. No es necesario realizar un gran desembolso ni hacen falta recursos externos, del mismo modo que tampoco se precisa seguir ninguna agenda especial, más allá de la indicación de prestar atención, estar presentes y tomar decisiones basadas en una sabiduría innata que descubrimos con la práctica. Ya sea un reto de salud física o mental, un comportamiento compulsivo, una relación problemática, un escollo en el trabajo o una sensación constante de alienación, parece ser que afrontar la situación por medio del mindfulness sirve de ayuda.

A medida que profundizamos en la práctica, podemos ver más a menudo cómo el deseo de placer nos causa dolor y cómo los intentos de resistirse o escapar del sufrimiento hacen que este aumente. Puede que ya no seamos tan esclavos del condicionamiento que recibimos de pequeños, o que ya no caigamos tan fácilmente en las presiones sociales o culturales que nos inducen a seguir al rebaño, a hacer cosas que no son beneficiosas ni para nosotros ni para los demás. Quizás empecemos a elegir más conscientemente realizar actos que nos proporcionen una auténtica satisfacción. Quizás descubramos que desperdiciamos el tiempo viviendo en la cabeza y decidamos vivir más en el cuerpo, ya que nos hemos dado cuenta de que no podemos resolver los problemas de una mente ocupada con una mente ocupada. Quizás encontremos más espacio para respirar y tengamos menos tendencia a estar dominados por la estrechez de miras. Quizás disfrutemos más de los placeres y la belleza del mundo, sin apegarnos tanto a ellos. Quizás seamos más capaces de aceptar los inevitables altibajos de la existencia humana y de transitar por ellos, de modo que la vida sea menos ofensiva y más alegre.

A lo largo de la historia, los grandes maestros y filósofos han sugerido que estos son los frutos de la práctica del mindfulness. Es maravilloso que la ciencia esté confirmando ahora este punto de vista. Las ideas falsas sobre la meditación –que es un escape de la vida, un lujo inútil de la Nueva Era, algo religioso, extraño o raro– ya están mucho menos extendidas, especialmente en ambientes como la psicología y la medicina. Eso es algo que tenemos que agradecer a los resultados procedentes del método científico.

No obstante, el conocimiento profundo no proviene únicamente de las pruebas científicas. Para ello tenemos que embarcarnos en el tipo de viaje personal que lleva a cabo todo meditador que ha iniciado el camino de la conciencia y la profundización, encontrándose con las alegrías y los desafíos de la práctica a través de una experiencia de primera mano.

La investigación científica a veces puede dar la impresión de que el mindfulness «funciona», de que con solo realizar un curso tendremos menos estrés, menos dolor, mejorarán nuestras relaciones, etc. Por supuesto, todo esto ocurre, y los estudios pueden ser una inspiración útil para empezar a practicar, pero también pueden conducir a la trampa de esperar una solución fácil y clara. En cuanto empezamos a esperar resultados concretos, cerramos la puerta a la posibilidad que hace que el mindfulness sea algo tan vivo y caemos, por el contrario, en una tendencia a buscar, esforzarnos y obsesionarnos por los objetivos que puede llegar a arruinar la práctica.

El mindfulness es un medio de conectar con la realidad de una manera completamente sensorial y somática que no se puede expresar fácilmente a través de los datos científicos, los cuales inevitablemente presentan las pruebas de modo desconectado, objetivo y conceptual. La experiencia del mindfulness es más rica, compleja y subjetiva que eso. La práctica de cada persona es distinta, porque cada uno tiene un cuerpo y una mente y vive situaciones vitales distintas. Nos predisponemos a ver y sentir lo que sea que esté ahí, a tocarlo con nuestros corazones. Al hacerlo, se nos garantiza el acceso a un tesoro de momentos que no dejan de revelarse, a un caleidoscopio de sensaciones cambiantes que son solo nuestras. Algunas promesas, como una mejor concentración, la reducción del estrés o la prevención de la recaída en la depresión, no son más una mera pista de la magia que se puede desvelar.

No tenemos garantías: la práctica de la meditación puede resultar desafiante, y a menudo se desarrolla de modos inesperados. Cuando entramos en contacto con el instante presente, puede que experimentemos momentos de gran dolor físico, intensas emociones y conciencia de verdades difíciles de afrontar. Al mismo tiempo, los meditadores que hablan de esas experiencias aseguran que van acompañadas de sensaciones de liberación, de relajación interior e incluso de dicha, o bien que dichas experiencias conducen a estas sensaciones. Con frecuencia, cuando se produce la transformación la gente indica que no era lo que esperaba.

Si nos apegamos a un resultado deseado —ya sea disminuir la ansiedad, tener relaciones más satisfactorias o la paz mundial—, podemos perdernos no solo el resultado que estamos buscando sino también el fascinante viaje que es el camino mismo. Nos predisponemos a la desilusión cuando caigamos de nuevo en los viejos patrones o cuando pasemos una mala época, lo que ocurrirá inevitablemente de vez en cuando. El riesgo es que sintamos que hemos fallado y abandonemos la práctica, en lugar de ver cada distracción como una parte del camino, como otra oportunidad para volver a la conciencia. Por lo tanto, en lugar de intentar mejorar las cosas ¿podemos cultivar la paz con lo que somos, con el punto en que nos encontremos en este preciso instante? Curiosamente, cuando nos permitimos fluir en el momento presente de esta manera, las cosas a menudo parecen volverse más fáciles.

Hay una vieja historia zen sobre un estudiante que quería alcanzar la iluminación. En un encuentro con su maestro, le preguntó cuánto tiempo tardaría en conseguirlo. El maestro le respondió:

—Diez años.

El alumno, insatisfecho con la respuesta, quiso saber:

—Y si me esfuerzo mucho, ¿cuánto tardaré?

El maestro se quedó pensando un rato y luego le respondió:

—Veinte años.

Evidentemente, este relato no quiere decir que no debamos esforzarnos; podemos establecer el objetivo y crear condiciones positivas para que nuestra práctica dé fruto, y seguir regresando a la plena atención una y otra vez cuando esta se distraiga. No obstante, no podemos forzar el cambio; ni siquiera el cambio positivo. Intentar hacerlo tiende a incrementar el esfuerzo y la agresión que estamos intentando abandonar. El mindfulness no es tanto una herramienta para el desarrollo personal o el autocontrol como un proceso de permitirnos relajarnos, una desestructuración profunda de la cual puede surgir una forma diferente de ser.

Mientras estemos vivos, siempre podemos volver a la respiración y empezar de nuevo. Esto requiere valentía. Si estás montando a caballo, no tienes que ser valiente para permanecer en la silla; lo que requiere fortaleza es volver a intentarlo cuando te has caído. En la meditación y la vida, podemos estar continuamente soltando y regresando, soltando y regresando, soltando y regresando...

El mindfulness es una sincronización del ser con el hacer, un medio para fluir con la vida, que surge al prestar una profunda atención a cada aspecto de la vida. Si sabemos que en realidad no hay nada que arreglar, que lo único que tenemos que hacer es ser quienes ya somos, no es necesario ningún gran plan de acción. Cuando entramos en contacto con la mente y el cuerpo sabios, ya estamos haciendo bastante; a medida que sintonicemos con nuestra experiencia serán más claras las elecciones que tengamos que hacer. La práctica del mindfulness nos conecta con el corazón de la experiencia, y de ese modo podemos manifestarnos en nuestras vidas con más plenitud y más compasión. Por lo tanto, es uno de los mayores dones que podemos ofrecernos a nosotros mismos y al mundo.

Referencias

Nuestra intención al escribir este libro ha sido que tuvieras un primer contacto con la meditación; que pudieras saber de dónde procede, cómo practicarla y cuáles pueden ser sus beneficios. Si estás interesado en seguir explorando, hay muchos más recursos para que puedas seguir investigando, por lo que hemos hecho una lista de unos cuantos libros y sitios web que quizás quieras consultar.

Si te encuentras inspirado para practicar, te recomendamos encarecidamente que también busques un profesor y un grupo de apoyo. El trabajo con la meditación puede ser desafiante, de modo que normalmente resulta de gran ayuda recibir una orientación y un apoyo continuos. Por fortuna, dado que el mindfulness está siendo cada vez más conocido, con más frecuencia se ofrecen en todo el mundo más cursos muy interesantes. En algunos lugares puede que seas capaz de acceder a ellos a través de tu médico o de otro profesional sanitario; quizás valga la pena que busques en Google la palabra *mindfulness* y el nombre de la región en la que vives para comprobar si tienes algo cerca. Si te atrae la tradición budista, hay grupos y centros de meditación budista en casi todas partes, y con frecuencia los cursos son bastante baratos (o gratuitos).

Mindfulness online

Por favor, visita nuestra página web www.themindfulmanifesto.com. En ella podrás encargar o descargar versiones de audio guiadas de los ejercicios descritos en el libro, así como suscribirte a nuestro boletín y consultar los cursos de mindfulness que ofrecemos. Para aquellos que no nos puedan visitar personalmente, tenemos opciones de cursos a distancia, online o vía telefónica. También disponemos de una página en Facebook en la que publicamos noticias y opiniones, y Ed publica con frecuencia actualizaciones y enlaces compartidos en su cuenta de Twitter:

Mindful Manifesto (@edhalliwell).

Otras páginas web
www.mindful.org

Magnífica revista online que ofrece noticias y artículos de todo el mundo sobre mindfulness. En ella Ed escribe en un blog llamado The Examined Life.

www.mindfulnesssussex.co.uk y www.mindfulnesslondon.co.uk

> Tanto Mindfulness Sussex como Mindfulness London ofrecen cursos de mindfulness en grupo e individuales dirigidos por Ed Halliwell.

www.mindfulnessretreats.co.uk

> Retiros de mindfulness en el Reino Unido, con alojamiento incluido, dirigidos por Ed Halliwell y otros profesores experimentados.

www.bemindfulonline.com

> Un curso online de mindfulness de cuatro semanas de duración, entre cuyos profesores está Ed, que se desarrolló como parte de la campaña Be Mindful de la Fundación para la Salud Mental del Reino Unido.

www.shambhala.org

> Una comunidad internacional de centros de meditación dirigida por el maestro budista Sakyong Mipham Rinpoche.

Libros

Cuando todo se derrumba: palabras sabias para momentos difíciles, Pema Chödrön (Ed. Gaia, 2013).

La sabiduría de la no evasión. La senda del amor compasivo, Pema Chödrön (Ed. Oniro, 2012).

Mindfulness en la vida cotidiana: cómo descubrir las claves de la atención plena, Jon Kabat-Zinn (Paidós Ibérica, 2009).

Mindfulness

Un camino con corazón: una guía a través de los peligros y promesas de la vida espiritual, Jack Kornfield (Ed. La Liebre de Marzo, 2013).

Conciencia plena: ciencia, arte y práctica del mindfulness, Susan Smalley y Diana Winston (Ed. Obelisco, 2012).

Shambhala: la senda sagrada del guerrero, Chögyam Trungpa (Ed. Kairós, 1984).

Vencer la depresión: descubre el poder de las técnicas del mindfulness, Mark Williams, John Teasdale, Zindel Segal, Jon Kabat-Sinn (Ed. Paidós, 2010) (la versión en inglés, *The Mindful Way Through Depression: Freeing Yourself from Chronic Unhappiness*, incluye un CD con ejercicios de meditación guiados; Guilford Press, 2007).

Notas

CAPÍTULO 1

1. Mental Health Foundation (2009), «Frente al miedo: cómo el miedo y la ansiedad afectan a nuestra salud y a la sociedad, y qué es lo que podemos hacer», en http://www.mentalhealth.org.uk/campaigns/mental-health-action-week-2009/in-the-face-of-fear.
2. R. Ramesh (2010), «Más dinero, menos feliz: el bienestar de Europa desciende a medida que aumentan los ingresos», en http://www.guardian.co.uk/uk/2010/nov/15/Money-happy-europe-wellbeing-income.
3. BBC News (2009), «La depresión amenaza con convertirse en una crisis global», en http://news.bbc.co.uk/1/hi/8230549.stm.
4. E. Halliwell (2010), *Mindfulness Report*, Mental Health Foundation.
5. Techradar.com (2008), «¿Se está ahogando la humanidad en un mar de aparatos?», en http://www.techradar.com/news/world-of-tech/is-humanity-drowing-in-a-sea-of-gadgets--270462.
6. I. Sample (2010), «Un científico de Oxford pide que se investigue el "cambio mental" provocado por la tecnología», en http://www.guardian.co.uk/science/2010/sep/14/oxford-scientist-brain-change.
7. Citado en Depression in Primary Care, http://www.depression-primarycare.co.uk/where.htm.

8. *Ibid.*
9. E. Halliwel (2010), *Mindfulness Report*, Mental Health Foundation.
10. National Center for Complementary and Alternative Medicine, Meditation for Health Purposes, en http://www.scribd.com/doc/2175081/Practice-Meditation-wwwsanderscontactscom.
11. Para una base de datos más extensa sobre los artículos dedicados al mindfulness, visita la excelente Mindfulness Research Guide, en www.mindfulexperience.org. Para algunos artículos recientes sobre las pruebas, consulta T. S. Mars & Abbey (2010), «Las prácticas de meditación con mindfulness como intervención sanitaria: un estudio sistemático», *International Journal of Osteopathic Medicine* 13 (2): 55-66; E. Halliwell (2010), *Mindfulness Report*, Mental Health Foundation; J. Greeson (2009), «Actualización de la investigación sobre el mindfulness: 2008», *Complementary Health Practice Review* 14 (1): 110-118; D. S. Ludwig y J. Kabat-Zinn (2008), «El mindfulness en la medicina», *Journal of the American Medical Association* 300 (11): 1350-1352; K. W. Brown *et al.* (2007), «El mindfulness: fundamentos teóricos y evidencia de sus efectos beneficiosos», *Psychological Inquiry* 18 (4): 211-237.
12. F. Zeidan (2010), «La meditación con mindfulness mejora la cognición: evidencia de un breve entrenamiento mental», *Consciousness and Cognition* 19 (2): 597-605; y Y. Y. Tang *et al.* (2007), «La práctica de la meditación durante un tiempo breve mejora la atención y la autorregulación», *Proceedings of the National Academy of Sciences* 104 (43): 17152-17156.
13. E. Halliwell (2010), *Mindfulness Report*, Mental Health Foundation.
14. D. Black (2010), *Mindfulness Research Monthly* vol. 5, en www.mindfulexperience.org/resources/files/MRM_V1N5_june.pdf.

CAPÍTULO 2

15. Gracias a Jonathan Rowson, de RSA, por algunas de estas citas, a través de su excelente blog Doing and Being, en http://www.rsablogs.org.uk/2010/socialbrain/mindfulness3.
16. American Society of Plastic Surgeons, «Informe de las estadísticas de cirugía plástica de 2010», en http://www.plasticsurgery.org/Documents/news-resources/statistics/2010-statisticss/Top-Level/2010-US-cosmetic-reconstructive-plastic-surgery-minimally-invasive-statistics2.pdf.
17. Ten en cuenta que en inglés la palabra *mindfulness* se utiliza tanto para referirse al tipo de atención más concreta al que alude la

concentración correcta como a un tipo de conciencia más amplia a la que alude el mindfulness correcto.
18. Para leer todo el texto de *Los cuatro fundamentos del mindfulness* véase, por ejemplo, http://www.buddhanet.net/imol/foudatn.htm.
19. William James (1890), *The Principles of Psychology* (Holt): 401.
20. Sigmund Freud, citado en J. Austin (1999), *Selfless Insight: Zen and the Meditative Transformations of Consciousness* (MIT Press): 79.
21. Para más información sobre Albert Ellis, consultar el Albert Ellis Institute en http://www.rebt.org.
22. Esta frase pertenece al inicio del *Dhammapada*: «Somos lo que pensamos. / Todo lo que somos surge de nuestros pensamientos. / Con nuestros pensamientos creamos el mundo. / Habla o actúa con una mente impura / y los problemas te seguirán. / Al igual que la rueda sigue al buey que tira del carro / somos lo que pensamos. / Todo lo que somos surge de nuestros pensamientos. / Con nuestros pensamientos creamos el mundo», citado en http://www.thebigview.com/buddhism/dhammapada-01.html.

CAPÍTULO 3

23. A. Bechera *et al.* (1997), «Decidir ventajosamente antes de saber la estrategia ventajosa», *Science* 275 (5304): 1293-1295.
24. Pulse (2003), «Explicando a los pacientes lo inexplicable», en www.pulsetoday.co.uk/article-content/-/article_display_list/10876393.
25. Consulta, por ejemplo, «La MENTE que sufre: cuando el dolor permanece», *Scientific American Mind*, septiembre de 2009, en http://www.scientificamerican.com/article.cfm?id=when-pain-lingers.
26. Rethink, Physical Health en http://www.rethink.org/living_with_mental_illness/everyday_living/physical_health_and_wellbeing/staying_healty/index.html.
27. Institute of Heartmath, «La ciencia del corazón: explorar el papel del corazón en la actividad humana», en http://www.heartmath.org/research/science-of-the-heart/introduction.html.
28. J. Austin (2009), *Selfless Insight: Zen and the Meditative Transformations of Consciousness* (MIT Press): 8.
29. D. Cioffy y J. Holloway (1993) «Efectos retardados del dolor reprimido», *Journal of Personality and Social Psychology* 64: 274-282.
30. Gracias a Susan Smalley y Diana Winston por la inspiración para este ejercicio. Recomendamos encarecidamente su libro *Conciencia plena: ciencia, arte y práctica del mindfulness* (Ed. Obelisco, 2012).

31. B. Roth y T. Creaser (1997), «La reducción del estrés basada en la meditación consciente: experiencia con un programa bilingüe en un centro urbano», *Nurse Practitioner* 5: 215.
32. J. Kabat-Zinn *et al*. (1992), «Efectividad de un programa de reducción del estrés basado en la meditación en el tratamiento de trastornos de ansiedad», *American Journal of Psychiatry* 149: 936-943.
33. J. Kabat-Zinn *et al*. (1985), «La utilización clínica de la meditación con mindfulness para la autorregulación del dolor crónico», *Journal of Behavioural Medicine* 8 (2).
34. Para aquellos interesados en explorar algunos de estos estudios en detalle, podemos recomendar una página web que ofrece una guía de la investigación sobre el mindfulness: www.mindfulexperience.org. Para consultar publicaciones y análisis de las pruebas, los siguientes artículos pueden ser útiles: R. A. Baer (2003), «Entrenamiento en mindfulness como una intervención clínica. Una crítica conceptual y empírica», *Clinical Psychology Science and Practice* 10, 125-143; K. W. Brown *et al*. (2007), «Mindfulness: fundamentos teóricos y evidencia de su efectos beneficiosos», *Psychological Inquiry* 18: 4, 211-237; J. Greeson (2009), «Puesta al día de la investigación sobre el mindfulness: 2008», *Complementary Health Practice Review* 14 (1): 10-18; P. Grossman *et al*. (2004), «Reducción del estrés basada en el mindfulness y beneficios para la salud: un metaanálisis», *Journal of Psychosomatic Research* 57 (1), 35-43; E. Halliwell (2010), *Minfulness Report* (Mental Health Foundation); D. S. Ludwig y J. Kabat-Zinn (2008), «El mindfulness en la medicina», *Journal of the American Medical Association* 300 (11): 1350-1352; T. S. Mars y H. Abbey (2010), «La práctica de la meditación con mindfulness como intervención sanitaria: un estudio sistemático», *International Journal of Osteopathic Medicine* 13 (2): 55-56; M. Merkes (2010), «Reducción del estrés basada en el mindfulness para personas con enfermedades crónicas», *Australian Journal of Primary Health* 16 (3): 200-210; E. Bohlmeijer *et al*. (2010), «Los efectos de la terapia de reducción del estrés basada en el mindfulness en la salud mental de los adultos con una enfermedad médica crónica: un metaanálisis», *Journal of Psychosomatic Research* 68 (6): 539-544; y A. Chiesa y A. Seretti (2011), «Intervenciones basadas en el mindfulness para el dolor crónico: un estudio sistemático de las pruebas», *Journal of Complementary Medicine* 17 (1): 83-93.
35. J. Kabat-Zinn (1982), «Un programa de medicina conductual con pacientes externos basado en la práctica de la meditación mindfulness

para pacientes con dolores crónicos: consideraciones teóricas y resultados preliminares», *General Hospital Psychiatry* 4 (1): 334.
36. J. Kabat- Zinn *et al*. (1986), «Cuatro años de seguimiento de un programa basado en la meditación para la autorregulación del dolor crónico: resultados del tratamiento y conformidad», *Clinical Journal of Pain* 2: 159-173.
37. M. Oz (2010): «Utiliza el cerebro para aliviar el dolor», en http://washingtonexaminer.com/entertainment/healthdr-oz-use-your-brain-relieve-pain.
38. Fox News (2010), «Para disminuir el dolor (y cambiar tu cerebro), prueba la meditación», en http://www.foxnews.com/health/2010/11/18/reduce-pain-alter-brain-try-meditation.
39. E. Sternberg (2009), *Healing Spaces: the Science of Place and Well-being* (Harvard University Press): 111-14.
40. J. Kabat-Zinn, et al. (1998), «Influencia de una intervención de reducción del estrés basada en la meditación mindfulness en la proporción de limpieza de la piel en pacientes con psoriasis de moderada a severa que estaban siendo tratados con fototerapia (UVB) y fotoquimioterapia (PUVA)», *Psychosomatic Medicine* 60 (5): 625-632.
41. R. J. Davidson *et al*. (2003), «Alteraciones en el cerebro y las funciones inmunes producidas por la meditación mindfulness», *Psychosomatic Medicine* 65: 564-570.
42. L. Witek-Janusek (2008), «Efecto de la reducción del estrés basada en el mindfulness sobre la función inmunitaria, la calidad de vida y la capacidad de afrontar la enfermedad en mujeres a las que les acaban de diagnosticar cáncer de mama en una etapa inicial», *Brain, Behaviour and Immunity* 22 (6): 968-981.
43. J. Greeson (2009), «Actualización de la investigación sobre el mindfulness: 2008», *Complementary Health Practice Review* 14 (1): 10-18.
44. J. D. Creswell *et al*. (2009), «Efectos de la práctica de la meditación con atención plena en los linfocitos CD4 T en adultos infectados con el VIH-1: una prueba controlada ligeramente aleatoria», *Brain, Behaviour and Immunity* 23 (2): 184-188.
45. P. Robinson *et al*. (2003), «Respuesta psicoendocrina inmune a la reducción del estrés basada en el mindfulness en individuos infectados con el virus humano de inmunodeficiencia: un estudio cuasi experimental», *Journal Alternative Complementary Medicine* 9 (5): 683-694.

46. E. Epel *et al.* (2004), «Acortamiento acelerado de los telómeros en respuesta al estrés de la vida», *Proceedings of the National Academy of Sciences,* 101 (49): 17312-17315.
47. *Science Daily* (2010), «El bienestar positivo aumenta la telomerasa: cambios psicológicos debidos a la práctica de la meditación ligados a la salud celular», en http://www.sciencedaily.com/releases/2010/11/101103171642.htm.
48. Consulta, por ejemplo, BBC News (2004), «El estrés "puede acelerar el envejecimiento de las células"», en http://news.bbc.co.uk/1/hi/4054207.stm.
49. Consulta R. A. Baer (2003), «La enseñanza del mindfulness como una intervención clínica: un estudio conceptual y empírico», *Clinical Psychology Science and Practice* 10: 125-143.

CAPÍTULO 4

50. BBC News (2009), «La depresión amenaza con convertirse en una crisis global», en http://news.bbc.co.uk/1/hi/8230549.stm.
51. D. Kessler *et al.* (2005), «Distribución del predominio a lo largo de la vida y edad de inicio de los trastornos DSM-IV en el National Comorbidity Survey Replication», *Archives of General Psychiatry* 62 (6): 593-602.
52. BBC News (2009), «La depresión amenaza con convertirse en una crisis global», en http://news.bbc.co.uk/1/hi/8230549.stm.
53. Consulta Mental Health Foundation (2007), *The Fundamental Facts: The Latest Facts and Figures on Mental Health* (Londres: Mental Health Foundation).
54. Por ejemplo, consulta «¿La depresión encoge el cerebro?», en http://abcnews.go.com/Health/Depression/story?id=3885728&page=2.
55. Consulta M. Williams *et al.* (2007), *The Mindful Way Through Depression: Freeing Yourself from Chronic Unhappiness* (Guilford): 16-17.
56. Consulta Mental Health Foundation (2007), *The Fundamental Facts: The latest Facts and Figures on Mental Health* (Londres: Mental Health Foundation).
57. J. D. Teasdale *et al.* (2000), «Prevención de la recaída o la recurrencia en la depresión seria a través de la terapia cognitiva basada en el mindfulness», *Journal of Consulting and Clinical Psychology* 68: 615-623.
58. S. H. Ma y J. D. Teasdale (2004), «Terapia cognitiva para la depresión basada en el mindfulness: réplica y exploración de efectos diferenciales en la prevención de la recaída», *Journal of Consulting and Clinical Psychology* 72: 31-40.

59. W. Kuyken *et al.* (2008), «Terapia cognitiva basada en el mindfulness para prevenir la recaída en la depresión recurrente», *Journal of Consulting and Clinical Psychology* 76 (6): 966-978.
60. Mindful.org (2010), «Tratar la depresión: medicación o meditación», en http://mindful.org/news/treating-depression-medication-or-meditation.
61. Consulta T. Barnhofer *et al.* (2009), «Terapia cognitiva basada en el mindfulness como tratamiento para la depresión crónica: un estudio preliminar», *Behaviour Research and Therapy* 47 (5): 366 -373; M. Kenny y J. M. G. Williams (2007), «Algunos pacientes deprimidos resistentes al tratamiento muestran una buena respuesta a la terapia cognitiva basada en el mindfulness», *Behaviour Research and Therapy* 45 (3): 617-625; S. J. Eisendrath *et al.* (2008), «Terapia cognitiva basada en el mindfulness para depresiones resistentes al tratamiento: un estudio piloto», *Psychotherapy and Psychosomatics* 77: 319-320.
62. J. Kabat-Zinn *et al.* (1992), «Efectividad del programa de reducción del estrés basado en la meditación en el tratamiento de desórdenes de ansiedad», *American Journal of Psychiatry* 149: 936-943.
63. S. G. Hofmann *et al.* (2010), «El efecto de la terapia basada en el mindfulness sobre la ansiedad y la depresión: un estudio metaanalítico», *Journal of Consulting and Clinical Psychology* 78 (2): 169-183. Citado en http://www.scientificmindfulness.com/2010/05/effects-of-mindfulness-based-therapy-on.html.
64. Consulta S. Smalley y D. Winston (2010), *Conciencia plena: ciencia, arte y práctica del mindfulness* (Ed. Obelisco, 2012).
65. Consulta Scientific Mindfulness, «Meditación con mindfulness como tratamiento potencial para el TDAH», en http://www.scientificmindfulness.com/2010/04/mindfulness-meditation-as-potential.html.
66. Consulta «Desafiar el trastorno de ansiedad generalizada con el mindfulness», en http://psychescientia.blogspot.com/2008/05/challenging-gad-with-mindfulness.html.
67. Action for Happiness, «Por qué es importante la felicidad», en http://www.actionforhappiness.org/why-happiness-matters.
68. M. Klatt *et al.* (2009), «Efectos en adultos trabajadores de un programa suave de reducción del estrés basado en el mindfulness», *Health Education and Behaviour* 36 (3): 601-614.
69. J. D. Teasdale *et al.* (2002), «Conciencia metacognitiva y prevención de la recaída en la depresión: pruebas empíricas», *Journal of Consulting and Clinical Psychology* 70 (2): 275-287.

70. S. Jain *et al.* (2007), «Una prueba aleatoria controlada de meditación con mindfulness frente al entrenamiento en la relajación: efectos en la angustia, estados positivos de mente, cavilación y distracción», *Annals of Behavioural Medicine* 33 (1) 11-21.
71. Consulta BBC News (2010), «La gente pasa "la mitad de sus horas de vigilia soñando despierta"», en http://www.bbc.co.uk/news/health-11741350.
72. W. Kuyken *et al.* (2010), «¿Cómo funciona la terapia cognitiva basada en el mindfulness?», *Behaviour Research and Therapy* 48 (111): 1105-1112.
73. Consulta K. W. Brown *et al.* (2007), «Mindfulness: fundamentos teóricos y evidencia de sus efectos beneficiosos», *Psychological Inquiry* 18 (4): 211-237; y J. Greeson (2009), «Actualización de la investigación sobre el mindfulness: 2008», *Complementary Health Practice Review* 14 (1): 110-118.
74. *Ibid.*
75. Consulta Chögyam Trungpa, «The Education of the Warrior», disponible en http://www.poetry-chaikhana.com/T/TrungpaChogy/EducationofW.htm.
76. Para leer más acerca de esta cuestión, consulta S. Begley (2007), *Train Your Mind, Change Your Brain: How a New Science Reveals Our Extraordinary Potential to Transform Ourselves* (Ballantine).
77. Consulta, por ejemplo, D. Kahneman *et al.* (2004), «Hacia una contabilidad del bienestar nacional», en http://www.krueger.princeton.edu/Toward%20Well-being.pdf.
78. E. A. Maguire *et al.* (2000), «Cambio estructural en los hipocampos de los taxistas relacionado con la navegación», *Proceedings of the National Academy of Sciences* 97 (8): 4398-4403.
79. Consulta, por ejemplo, BBC News (2004), «Aprender idiomas "impulsa el cerebro"», en http://news.bbc.co.uk/1/hi/health/3739690.stm.
80. B. Johannson (2006), «Música y plasticidad cerebral», *European Review* 14 (1): 49-64.
81. Para leer más acerca del trabajo del profesor Davidson, consulta la página web del laboratorio en http://psyphz.psych.wisc.edu.
82. Para saber más sobre este tema, consulta D. Goleman (2003), «Descubrir la felicidad: engatusa a tu cerebro para que se incline a la izquierda», *New York Times*, en www.nytimes.com/2003/02/04/health/behaviour-finding-happiness-cajole-your-brain-to-lean-to-the-left.html?pagewanted=1; y R. J. Davidson y W. Irwin (1999), «La

neuroanatomía funcional de la emoción y el estilo afectivo», *Trends in Cognitive Sciences* 3 (1): 11-21.
83. R. J. Davidson *et al.* (2003), «Alteraciones en el cerebro y en la función inmunitaria producidas por la meditación con mindfulness», *Psychosomatic Medicine* 65: 564-70.
84. S. Lazar *et al.* (2005), «La experiencia de la meditación está asociada con un incremento en el grosor cortical», *Neuroreport* 16 (7): 1893-1897.
85. *Science Daily* (2011), «El entrenamiento en la meditación con mindfulness cambia la estructura del cerebro en ocho semanas», en www.sciencedaily.com/releases/2011/01/110121144007.htm, basado en el artículo original de B Hölzel *et al.* (2011), «La práctica del mindfulness conduce al aumento de la densidad de la materia gris en algunas zonas del cerebro», *Psychiatry Research; Neuroimaging* 191 (1): 36.

CAPÍTULO 5

86. J. Bradshaw (1996), *Bradshaw on the Family: A New Way of Creating Solid Self-Esteem* (Health Communications): 108.
87. Consulta, por ejemplo, http://www.drugscope.org.uk/resources/drugsearch/drugsearchpages/tobacco.
88. Consulta BBC News (2005), «¿Cuánto es demasiado?», en http://news.bbc.co.uk/1/hi/magazine/4188071.stm.
89. Reuters (2008), «Hay muchos más estadounidenses obesos que nunca», en http://www.reuters.com/article/2009/07/08/us-obesity-usa-idUSTRE5674UF20090708.
90. P. Chödrön (2005), *When Things Fall Apart: Heart Advice for Difficult Times* (Element): 15.
91. Consulta, por ejemplo, National Institute on Drug Abuse, «Se descubre que la ansiedad y el nerviosismo promueven el consumo de cocaína en las ratas», en http://archives.drugabuse.gov/NIDA_Notes/NNVol11N4/Anxiety.html.
92. C. Trungpa (edición revisada, 1996), *The Sacred Path of the Warrior* (Shambala): consulta el capítulo 7: «The cocoon».
93. B. K. Hölzel *et al.* (2010), «La reducción del estrés está relacionada con cambios estructurales en la amígdala», *Social Cognitive and Affective Neuroscience* 5 (1): 11-17.
94. J. C. Creswell *et al.* (2007), «Relaciones neurales del mindfulness disposicional en el etiquetamiento de los sentimientos», *Psychosomatic Medicine* 69 (6): 560-565.

95. E. Luders *et al.* (2009), «Las correlaciones anatómicas de la meditación a largo plazo: mayor volumen de materia gris en el hipocampo y en el frontal», *Neurolmage* 45 (3): 672-678.
96. L. C. Chu (2010), «Los beneficios de la meditación frente a la inteligencia emocional, el estrés percibido y la salud mental negativa», *Stress and Health* 26: 169-180.
97. Consulta, por ejemplo, B. Kilm *et al.* (2010), «Efectividad del programa de terapia cognitiva basada en el mindfulness como apoyo a la farmacoterapia en pacientes con trastornos de pánico», *Journal of Anxiety Disorders* 24 (6): 590-595; y S. Evans *et al.* (2008), «Terapia cognitiva basada en el mindfulness para el trastorno de ansiedad generalizada», *Journal of Anxiety Disorders* 22 (4): 716-721.
98. Véase K. W. Brown *et al.* (2007), «Fundamentos teóricos del mindfulness y evidencia de sus efectos beneficiosos», *Psychological Inquiry* 18(4): 211-237; y S. S. Welch *et al.* (2006), «Mindfulness y terapia dialéctica conductual (DBT) para personas con el trastorno de la personalidad fronterizo», en R. A. Baer (ed.) (2005), *Mindfulness-based treatment approaches. Clinician's guide to evidence base and applications* (Academic Press): 117-138.
99. N. N. Singh *et al.* (2007), «Los adolescentes con trastornos de conducta pueden aplicar el mindfulness a su comportamiento agresivo», *Journal of Emotional and Behavioural Disorders*: 56-63; M. Samuelson *et al.* (2007), «Reducción del estrés basada en el mindfulness en centros correccionales de Massachusetts», *The Prison Journal* 87 (2): 254-258; y S. Bogels *et al.* (2008), «Entrenamiento en mindfulness para adolescentes con trastornos de exteriorización y para sus padres», *Behavioural and Cognitive Psychoterapy*: 193-209.
100. W. L. Heppner *et al.* (2008), «El mindfulness como medio para reducir los comportamientos agresivos: evidencia dispositiva y situacional», *Aggressive Behaviour*: 486-496; y K. W. Brown *et al.* (2007), «Fundamentos teóricos del mindfulness y evidencia de sus efectos beneficiosos», *Psychological Inquiry* 18 (4): 211-237.
101. G. A. Marlatt *et al.* (1984), «Efectos de la práctica de la meditación y la relajación en el abuso del alcohol en bebedores sociales masculinos», en D. H. Shapiro; y R. N. Walsh (eds.) (1984), *Meditation: Classic and Contemporary Perspectives* (Aldine).
102. S. Bowen *et al.* (2006), «Prevención de la recaída en el caso de trastornos por el uso de drogas basada en el mindfulness: una prueba piloto de eficacia», *Substance Abuse* 30 (4): 295-305.

103. J. M. Davis (2007), «Un estudio piloto sobre la reducción del estrés para fumadores basada en el mindfulness», *BMC Complementary and Alternative Medicine* 7: 2.
104. J. L. Kristeller *et al.* (2006), «Acercamientos a los trastornos alimenticios basados en el mindfulness», en R. A. Baer (ed.) (2005), *Mindfulness-based treatment approaches: clinician's guide to evidence base and applications* (Academic press): 75-93.
105. En http://withtloss.about.com/b/2011/01/26/mindfulness-matters.htm y http://www.huffingtonpost.com/wray-herbert/meditation-research_b_780525.html.
106. D. Gilbert y J. Waltz (2010), «Mindfulness and Health Behaviours», *Mindfulness* 1: 227-234.
107. K. Brown, T. Kasser *et al.* (2009), «Cuando lo que tenemos ya es suficiente: mindfulness, discrepancia en el deseo económico y bienestar subjetivo», *Journal of Research in Personality*, en www.psych.rochester.ed/SDT/documents/2009_BrownKasser RyanLinleyOrzech_JRP.pdf.

CAPÍTULO 6

108. A. P. Jha *et al.* (2007), «La práctica del mindfulness modifica los subsistemas de atención», *Cognitive, Affective & Behavioural Neuroscience* 7: 109-119.
109. H. A. Slagter *et al.* (2007), «La práctica mental afecta a la distribución de los recursos limitados del cerebro», *PLoS Biology* 5 (6): e138.
110. L. T. Cullen (2006), «Cómo ser más listos, respirar paso a paso: los científicos descubren que la meditación no solo reduce el estrés sino que también reestructura el cerebro», *Time*, en http://www.time.com/time/magazine/article/0,9171,1147167,00.html.
111. E. Luders et al. (2009), «Las correlaciones anatómicas subyacentes de la meditación a largo plazo: mayor volumen de materia gris en el hipocampo y en el frontal», *NeuroImage* 45 (3): 672-678.
112. Para más información sobre el contagio emocional, consulta D. Hamilton (2011), *The Contagious Power of Thinking: How your thoughts can influence the world* (Hay House).
113. American Psychological Association (2011), «Un estudio de la APA revela que muchos de los trabajadores americanos están estresados o se sienten infravalorados», en http://www.apa.org/news/press/releases/2011/03/workers-stressed.aspx.
114. Para ver una descripción completa del uso del mindfulness en los empleados del Transporte de Londres, consulta el estudio de E. Halliwel (2010), *Mindfulness Report* (Mental Health Foundation): 70.

115. Consulta http://www.cipd.co.uk/subjets/health/stress/stress.htm.
116. INSEAD (2007), «Entender y responder a las demandas sociales con responsabilidad (respuesta) corporativa», informe final disponible en http://www.insead.ed/vl/ibis/response_project/documents/Response_FinalReport.pdf.
117. P. E. Flaxman y F. W. Bond (2006), «Terapia de aceptación y compromiso en el trabajo», en R. A. Baer (ed.) (2005), *Mindfulness-based treatment approaches: Clinician's guide to evidence base and applications* (Academic Press): 377-382.
118. Kirk U. *et al.* (2011), «La interocepción lleva a tomar decisiones más racionales en los meditadores que juegan al juego del ultimátum», *Frontiers in Neuroscience* 18 (5): 49.
119. M. S. Krasner *et al.* (2009), «Relación de un programa educacional de comunicación con mindfulness con el agotamiento, la empatía y las distintas actitudes entre médicos de atención primaria», *Journal of the American Medical Association* 302 (12) 1284-1293.
120. S. L. Shapiro *et al.* (1998), «Efectos de la reducción del estrés basada en la mindfulness en estudiantes de medicina o que se están preparando para estudiar medicina», *Journal of Behavioural Medine* 21: 581-599.
121. L. Grepmair *et al.* (2007), «La promoción del mindfulness entre psicoterapeutas en prácticas influye en los resultados del tratamiento de los pacientes: un estudio controlado, aleatorio y de doble ciego», *Psychotherapy and Psychosomatics* 76 (6).
122. R. J. Semple *et al.* (2006), «Terapia cognitiva para niños basada en el mindfulness», en R. A. Baer (ed.) (2005), *Mindfulness-based treatment approaches: Clinician's guide to evidence base and applications* (Academic Press): 143-165.
123. Consulta http://www.thehawnfoundation.org/mindup-studies.
124. Consulta O. Bowcott (2009), «Los conservadores atacan a los médicos por drogar a los niños», *The Guardian*, en http://www.guardian.co.uk/society/2009/oct/30/conservatives-nhs-children-drugs-mental-health.
125. C. A. Burke (2009), «Perspectivas con niños y adolescentes basadas en el mindfulness. Un estudio preliminar de una investigación en curso en un campo emergente», *Journal of Child and Family Studies*, en http://www.springerlink.com/content/e1638088141n327m/.
126. C. Vieten y J. Astin (2008), «Efectos sobre el estrés y el estado de ánimo prenatal de un programa basado en el mindfulness realizado durante el embarazo: resultados de un estudio piloto», *Archives of Women's Mental Health* 1 (1): 67-74.

127. Consulta K. Brown *et al.* (2007), «El mindfulness: fundamentos teóricos y evidencia de sus efectos beneficiosos», *Psychological Inquiry* 18 (4): 211-237; D. Siegel (2007), *The Mindful Brain: Reflection and Attunement in the Cultivation of Well-being* (W. W. Norton); J. Williams (2008), «Mindfulness, depresión y estados mentales», *Cognitive Therapy and Research* 32 (6): 721-733; P. A. Frewen *et al.* (2008), «Dejar pasar: el mindfulness y el pensamiento automático negativo», *Cognitive Therapy and Research* 32 (6): 758-774; W. L. Heppner y M. H. Kernis (2007), «Funcionamiento sereno del ego: los papeles complementarios del mindfulness, la autenticidad y la alta autoestima segura», *Psychological Inquiry* 18 (4): 248-251; P. R. Shaver *et al.* (2007), «Fundamentos sociales de la capacidad para el mindfulness: Una perspectiva del apego», *Psychological Inquiry* 18 (4): 264-271.
128. D. Siegel (2007), *The Mindful Brain: Reflection and Attunement in the Cultivation of Well-being* (W. W. Norton).
129. J. W. Carson *et al.* (2006), «Refuerzo de la relación de pareja basado en el mindfulness (RRBM)», en R. A. Baer (ed.) (2005), *Mindfulness-based treatment approaches: Clinician's guide to evidence base and applications* (Academic Press) 309-329.
130. Del World Wildlife Fund (2010), «La causa común: la razón para trabajar con nuestros valores culturales», citando a K. W. Brown y T. Kasser (2005), «¿Es compatible el bienestar psicológico con el bienestar ecológico? El papel de los valores, el mindfulness y el estilo de vida», *Social Indicators Research* 74: 349-368.

Capítulo 7

131. N. Farb *et al.* (2007), «Ocuparse del presente: la meditación con mindfulness revela modos neurales de autorreferencia distintos», *Social Cognitive and Affective Neuroscience* 2 (4): 313-322. Para leer un buen resumen y explicación de los descubrimientos de este artículo, consulta D. Rock (2009), «La neurociencia del mindfulness», *Psychology Today*, en www.psychologytoday.com/blog/your-brain-work/200910/the-neuroscience-mindfulness.

Agradecimientos

El contenido de este libro se ha inspirado tanto en la sabiduría ancestral como en la investigación moderna. Solo gracias a la paciencia y generosidad de muchas personas a lo largo de miles de años podemos tener acceso a las enseñanzas del mindfulness y la meditación. En el transcurso de los siglos ha habido linajes de practicantes sabios que han transmitido generosamente estas enseñanzas, y por otra parte la creciente atención de los científicos le ha proporcionado al mindfulness una credibilidad seglar que ha permitido que muchas más personas accedan a sus beneficios. Nos gustaría darles las gracias a todos.

Especialmente nos gustaría mostrar nuestro agradecimiento a aquellas personas que nos han ofrecido generosamente su conocimiento y su tiempo durante la preparación de este libro: Mark Williams, Sara Lazar, Alan Wallace,

Paramabandhu Groves y Michael Chaskalson. También han resultado valiosísimos nuestros casos prácticos de estudio, que nos han permitido compartir su experiencia sobre la práctica del mindfulness; esperamos que sus historias sean tan inspiradoras para ti como lo son para nosotros. Nuestra admiración y gratitud hacia Jon Kabat-Zinn por su trabajo fundamental a la hora de crear, enseñar, investigar y promover la reducción del estrés basada en el mindfulness, y hacia todos aquellos que continúan con la tarea de encontrar métodos aún mejores para llevar el mindfulness al mundo.

Los dos hemos sido muy afortunados por habernos encontrado con las enseñanzas de Chögyam Trungpa Rinpoche y Sakyong Mipham Rinpoche, junto con las de muchos otros maestros auténticos de la tradición budista Shambhala, cuya sabiduría y generosidad nos han ofrecido un camino para la investigación en el cual seguimos transitando a trompicones.

Gracias también al maravilloso equipo de Hay House UK, que respondió de forma tan favorable a nuestra idea de escribir este libro y nos ayudó a caminar a lo largo de su publicación. Nos gustaría dar las gracias especialmente a nuestra editora, Carolyn Thorne, que fue una presencia inalterable y alentadora cada vez que vacilábamos o nos desanimábamos; a nuestra correctora, Barbara Vesey, que refinó nuestras palabras; a Joanna Lincoln, por hacer que llegaran a ser impresas; a Jessica Crocket, Jo Burgess, Jo Lal y Nicola Fletcher por todos los esfuerzos que hacen para promocionar el libro; a la directora, Michelle Pilley, porque creyó en él; y a la asistente editorial Amy Kiberd, por su gran apoyo. También nos gustaría dar las gracias a todo el equipo de Hay House en los Estados Unidos que trabajó con nosotros en la segunda edición de este libro, en particular a Patty Gift, por su entusiasmo y su compromiso de publicar el libro para los lectores norteamericanos, y a Sally Mason, por su trabajo cuidadoso con el manuscrito.

Ed: Me siento profundamente agradecido a todas aquellas personas que me habéis ayudado en este viaje de mindfulness en el que me encuentro; sois muchas más de las que el espacio me permite mencionar. Mis principales instructores de meditación, Tom Dillon, Yves Bret y Caroline Helm, han sido pacientes, audaces, amables e infinitamente alentadores: gracias de corazón a todos vosotros. También me gustaría dar las gracias a todos aquellos que viven, trabajan y practican en el centro de retiro Dechen Chöling, de Francia, donde pasé un año en 2006 profundizando en la meditación. Gracias también a todas las personas del Shambhala Meditation Centre de Londres, que me ofrecieron un lugar de refugio e inspiración en un momento en que lo estaba buscando desesperadamente.

Gratitud y amor para mis padres, Jill e Ivor Halliwell, que fueron claves para alimentar mi temprana vida espiritual y que siempre me han ofrecido su apoyo sin juzgarme, a pesar de todos los errores que he cometido a lo largo de los años. Gracias y cariño también para Rex Bradley, que me ofreció una orientación sabia en los últimos tiempos, junto con una presencia constante, amable y afable que me enseñó mucho acerca del mindfulness. Mis hermanos Nick, Julian y Jeremy, así como mis buenos amigos James Lowen y Will Fuller, también me han brindado a lo largo de los años ayuda tanto en los momentos buenos como en los malos, y les estoy muy agradecido por ello.

Gracias a mi agente, Steph Ebdon, que me ha ofrecido, y continúa ofreciéndome, muy buenos consejos sobre la planificación y el desarrollo de este libro. Gracias también a todos en la Fundación para la Salud Mental por responder de forma tan positiva a la sugerencia de realizar un informe de investigación sobre el mindfulness y por permitirme amablemente reproducir aquí algunos de los casos de estudio utilizados en este informe, y gracias a Dylan Schlosberg por hacer posible este proyecto. Mi agradecimiento también para David Shariatmadari y Andrew Brown por permitirme escribir sobre meditación y budismo en The Guardian, lo cual me habilitó para ampliar mi carrera periodística hacia los campos que más me interesan.

También me siento agradecido a todos los que me han ayudado a desarrollarme como profesor de mindfulness: a Cindy Cooper, Karunavira, Rebecca Crane, Pamela Erdmann, Jody Mardula, Michael Chaskalson y el resto de los expertos entrenadores y trabajadores del Bangor University Centre for Mindfulness Research and Practice; a Tessa Watt y Debbie Johnson, de Being Mindful, por mostrarme el camino y animarme a enseñar junto a ellos; y a Morgwn Rimel, Caroline Brimmer y los colegas de la School of Life por ofrecerme otro lugar en el que enseñar. Gracias especiales a toda la gente de Shambhala por los años de conocimiento, prácticas y apoyo en el camino, sin los cuales nada de esto sería posible. Y, por supuesto, gracias a todos los que han participado en cualquiera de los cursos que he dirigido o en los que he colaborado; vuestra dedicación, apertura y deseo de practicar continúa siendo para mí una fuente de inspiración y de aprendizaje.

Por último, me gustaría dar las gracias a mi maravillosa mujer, Victoria, por poseer la milagrosa característica, propia del mindfulness, de soportarme y animarme durante el proceso de escritura (no solo una, sino dos veces; ¡la segunda, además, cuando estaba embarazada!), así como por tener la inspiración, valentía y constancia para establecer Mindfulness Sussex y en general por ser la persona más increíble, guapa, asentada y cariñosa que jamás podría haber esperado tener como pareja. Muchísimo cariño y agradecimiento también para nuestro hijo, Arthur, que ya es un maestro en hacer que vuelva a prestar atención, así como por enriquecer nuestras vidas de formas que jamás habría imaginado. Mi contribución en este libro está dedicada a ellos de todo corazón.

Jonty: Estoy en deuda con todas aquellas personas que me han animado y enseñado a lo largo de los últimos treinta y ocho años. Su generosidad y amabilidad me han permitido no solo beneficiarme de su comprensión y perspicacia sino también depositar más confianza en mi propia sabiduría inherente, ¡de modo que he sido capaz de creer que tengo algo interesante que decir! En especial me gustaría dar las gracias a aquellas personas que, evitando la crítica, me han hecho alzar la mirada y ampliar mi horizonte, permitiéndome vislumbrar lo que significan realmente palabras como ayudar, cuidar y curar, más allá de los estrechos confines de un modelo de salud y enfermedad puramente biológico. Mientras estaba en la facultad de medicina tuve la suerte de conocer a Eric Shepherd y Simon Read, que son los responsables de que empezara este proceso de exploración. Posteriormente, cuando empecé la formación para ser médico de familia, conté con el ejemplo de personas como David Poole, Roger Higgs, Annalee Curran y Tina Buchannan, los cuales siguen inspirándome hoy en día para ser, como médico, lo mejor que puedo.

Estoy en deuda con Jim O'Neill y Peter Conradi, cuyo amor y orientación han transformado las vidas de buena parte de las personas a las que han enseñado; la mía es solo una más entre todas ellas. ¡Y con Julien Díaz por recordarme que también cuide de mi cuerpo de vez en cuando!

También debo mucho a mis colegas y a todos los que trabajan en Manor Place Surgery. Ellos saben lo que significa cuidar de forma auténtica y profunda a los pacientes de los que se ocupan. Me siento afortunado por ser parte del equipo, y les agradezco la estabilidad y el apoyo que me han ofrecido. Eso es lo que me ha permitido diversificarme en tantas direcciones diferentes en los últimos años, con la certeza de que si en alguna ocasión pierdo el rumbo de lo que es importante estarán allí para que me vuelva a concentrar en lo que realmente importa. Y, por supuesto, igualmente significativos en este proceso son los muchos pacientes que han trabajado y continúan trabajando junto a mí cuidando sus corazones, mentes y cuerpos, y de los que he aprendido tanto. Ayudar siempre es un camino de doble sentido, y la generosidad de mis pacientes al compartir su dolor es un regalo, no una carga; me ofrecen una inspiración y un apoyo sin los cuales mi vida sería realmente pobre.

AGRADECIMIENTOS

La parte que me corresponde de este libro no habría sido posible sin el cariño y el apoyo de mis amigos y mi familia, que han aceptado mi preocupación constante en el proceso de escribirlo y han llegado a comprender muy bien que, en lo que se refiere a tener mindfulness, la teoría no siempre se traduce en la práctica. No obstante, su contribución va, por supuesto, mucho más allá del hecho de ser meros espectadores. Quiero dar las gracias a mis padres, Frank y Rosemary, por todo su cariño y apoyo a lo largo de mi vida; los sacrificios que han hecho para que pudiera disponer de las oportunidades que he tenido me hacen sentirme realmente humilde y son una gran inspiración para mí.

Y, finalmente, mi amor y agradecimiento a mi pareja, Tye, que a pesar de haber estado a miles de kilómetros de distancia durante gran parte del tiempo que he estado escribiendo este libro ha pasado muchas horas en llamadas de distancia transatlántica calmándome y animándome. Sin su presencia mi mundo sería un lugar mucho menos inspirador.

Índice

Prólogo	7
Prefacio	11
1. Un llamamiento a ser	15
2. Mindfulness de la respiración	47
3. Mindfulness del cuerpo	83
4. Mindfulness de la mente	121
5. Mindfulness de los sentimientos	163
6. Mindfulness de la vida	201
7. El manifiesto del Mindfulness	241
Referencias	249
Notas	253
Agradecimientos	267